Herzens-Bildung
Der Weg zur Meisterschaft

El Morya

Herzens-Bildung

Der Weg zur Meisterschaft

übermittelt von
Christine H. Warcup

ch. falk-verlag

Originalausgabe
© ch. falk-verlag, seeon 2007

Umschlaggestaltung: Ch. Riecken nach einem Kunstwerk von Soham H. Gerull, 36100 Petersberg-Steinhaus, Tel 0661 - 66293

Satz: P S Design, Neetze

Druck: Druckerei Sonnenschein, Hersbruck
Printed in Germany

ISBN 978-3-89568-179-0

Inhalt

Begrüßung 7
1 Den Atem beobachten 9
2 Die Wirklichkeit erschaffen 13
3 Die Gefühle wahrnehmen 17
4 Den Schmerz annehmen 21
5 Das Potenzial leben 25
6 Sich den Drachen stellen 30
7 Den Schatz heben 34
8 Die Angst auflösen 38
9 Bei sich selbst bleiben 42
10 Dem Körper lauschen 46
11 Mit dem Körper sprechen 50
12 Das Herz öffnen 54
13 Der Stimme des Herzens vertrauen 58
14 Den Augenblick genießen 62
15 Sich der inneren Quelle öffnen 66
16 Die Wunder erleben 69
17 Neue Entscheidungen wagen 73
18 Die alten Wunden heilen 77
19 Den gedachten Schmerz erkennen 80
20 Die Verantwortung übernehmen 83
21 Die Gefühle mitteilen 88
22 Den Schmerz zeigen 92
23 Das Wunder der Liebe geschehen lassen 96
24 Die Grenzen des Anderen wahrnehmen 100
25 Den Zugang zur inneren Weisheit erlangen 104

26	Die verdrängten Anteile befreien	107
27	Die Hilfe erbitten	111
28	Die Verbundenheit spüren	115
29	Sich der Eigenverantwortung bewusst werden	118
30	Die Göttlichkeit auf Erden leben	122
31	Das Sein bewusst erschaffen	127
32	Die Herzenswünsche aufsteigen lassen	130
33	Die Meisterschaft über das Leben erringen	134
34	Dem Lebensfluss Raum geben	137
35	Die Verbundenheit mit allem spüren	141
36	Den eigenen Herzensraum betreten	145
	Nachwort	148
	Kontakt	150

Begrüßung

Lieber Leser,
von Herzen begrüßen wir dich auf deinem Weg zu dir selbst und zu deiner Meisterschaft über dich selbst. Wir, das sind wiederum Anteile, die dich auf ganz bestimmten Ebenen deines Seins ansprechen, um dir den Zugang zu verborgenen Schichten deiner selbst fühlbar zu machen, um dir damit einen Zugang zu verborgenen Seelenanteilen zu ermöglichen. Lasse dich ganz auf dich selbst ein. Hab keine Angst, dir selbst zu begegnen. Es ist Zeit, die verborgenen Dinge ans Tageslicht zu holen, Zeit, sie zu heilen, Zeit, dich ganz zu heilen. Es ist Zeit, deine Schöpferkraft ganz zu leben, um endlich zu dem zu werden, was du in Wirklichkeit schon von Anbeginn an bist: Göttliches vollkommenes Wesen, ausgestattet mit allem, was du brauchst, um ein selbstbestimmtes glückliches Leben in Fülle und Freude zu leben.
    Darum schreite mutig voran. Der Lohn ist dir gewiss.

1   *Den Atem beobachten*

Worauf wartest du?
Was erwartest du?
Wartest du auf etwas völlig Neues, etwas Weltbewegendes, etwas, das die Welt noch nie gesehen hat? Dann irrst du. Du wirst nichts im Außen erfahren, zumindest nichts Neues, Weltbewegendes. Das ist auch gar nicht nötig, denn du trägst alles bereits in dir. Das Problem ist nur, dass vieles davon noch unter Verschluss ist, gut verborgen, gut versteckt vor dir selbst und der Welt. Alles, was du bist und je sein kannst, steckt bereits in dir, ein riesiges unerschöpfliches Potenzial, zu dem es gilt, den Zugang zu finden. Und darum geht es. Nicht um etwas Neues, nur um neue Zugänge, neue Wege, neue Pfade zu dir selbst und deinem Potenzial. Das ist alles. Bist du bereit?
Dann lass' uns anfangen.

Setze dich zunächst bequem hin, stelle beide Füße auf die Erde, schließe die Augen und beobachte einige Atemzüge lang deinen Atem.
Bleibe mit deiner ganzen Aufmerksamkeit bei deinem Atem, beobachte ihn vom Anfang bis zum Ende, ohne ihn beeinflussen, ihn bestimmen zu wollen. Beobachte nur. Und bleibe ganz bei dir.

Wenn du wirklich mit deiner Aufmerksamkeit nur bei deinem Atem geblieben bist, wirst du vermutlich festgestellt haben, dass dein Kopf „leer" wurde, oder zumindest leerer als vorher. Dadurch, dass du deinem Verstand eine Aufgabe an die Hand gegeben hast, hat er sich beruhigt, genau wie ein kleines Kind, das eine interessante Aufgabe gefunden hat und nun ruhig spielt.

Nun, dieses Phänomen werden wir uns zunutze machen im weiteren Verlauf unserer Unterredung. Denn wir wollen ja an verborgene Schichten gelangen, ohne dass uns dein Verstand mit all seinen wunderbaren Argumenten und eingefahrenen Gedankenschleifen davon abhält. Dein Verstand hat in deinem Leben klar umrissene Aufgaben. So sollte es zumindest sein. Und bei der vor uns liegenden Arbeit wäre er schlicht und einfach überfordert. Also werden wir ihn immer wieder beschäftigen, damit er uns nicht stört. Nicht, dass dein Verstand nicht wichtig wäre! Für die Aufgaben, für die er bestimmt ist, ist er unerlässlich. Er ist ein wunderbares Werkzeug, das, richtig eingesetzt, wunderbare Ergebnisse erzielen kann. Falsch eingesetzt jedoch kann er eine wahre Plage werden, wie die meisten von euch immer wieder schmerzlich erfahren haben. Dann nämlich, wenn er ohne Unterlass euch mit den immer gleichen Vorwürfen und Gedankenschleifen quält, wenn etwas nicht „richtig" gelaufen ist, wenn ihr bestimmte Erwartungen, von wem auch immer, nicht erfüllt zu haben glaubt. Und dann hält er sich in Gefilden auf, in denen er nichts zu suchen hat. So einfach ist das. Doch nun zu den Dingen, die uns in erster Linie interessieren.

Versuche einmal, während des Lesens mit deiner Aufmerksamkeit bei deinem Atem zu bleiben. Das ist nicht unmöglich. Du kannst dann zwar nicht so schnell lesen, wie du es vielleicht gewohnt bist, denn du bist nicht mit deiner ungeteilten Aufmerksamkeit bei dem, was du liest. Da du aber deine linke Gehirnhälfte gut auf Trab hältst, erhält deine rechte Gehirnhälfte die Gelegenheit, sich ein wenig mehr in den Vordergrund zu schieben und zumindest fast gleichwertig mit am Lesen und Aufnehmen des Gelesenen zu beteiligen. Damit erweiterst du letztlich deine Aufnahmekapazität, statt sie einzuschränken, wie es zunächst den Anschein hat. Du bist dann nicht mehr in der Lage, das Gelesene nach deinen gewohnten Kriterien zu beurteilen und einzuordnen, sondern es kommen andere Kriterien ins Spiel, die sich nicht nach strenger Logik einteilen lassen. Es ist deine intuitive Seite, die danach drängt, mehr und mehr wahrgenommen und beachtet zu werden. Du kannst auch sagen, es ist deine weibliche Seite, die in einer ganz anderen Weise arbeitet und funktioniert als deine männliche Seite, die nach viel „logischeren" Gesichtspunkten arbeitet. Je mehr du dieser weiblichen Komponente in dir wieder Raum gibst, desto mehr Wahrnehmungskanäle und Verarbeitungsinstanzen kommen ins Spiel und desto weitreichender wird deine Aufnahmekapazität sein, da sie nicht mehr fast ausschließlich auf deine linke Gehirnhälfte beschränkt ist. Damit erhältst du wieder die Möglichkeit, als Einheit in dir selbst zu arbeiten, statt nur einseitig zu funktionieren mit all den Folgen, die diese Einseitigkeit mit sich bringt. Man könnte auch sagen, je mehr du deine weiblichen Anteile wieder leben kannst, desto mehr erhältst du wieder Zugang zu deiner Intuition und desto leichter fällt dir der Zugang zu deinem Herzen, da die Impulse deines Herzens nicht immer wieder von deinem Verstand wegrationalisiert werden. Dein Verstand wird immer für alles, was du entscheidest, „logische" Begründungen finden, egal, was du machst. Und damit übertönt er die Stimme deines Herzens, die von einer viel „höheren" Logik oder besser Weisheit geleitet wird als dein Verstand. Wenn du der Stimme deines Herzens folgst, kannst du nicht fehlgehen. Die Frage ist nur, wie kannst du ihr lauschen bzw. wie kannst du sie wieder vernehmen, denn du hast sie lange unterdrückt. Wie oft hast du Impulse gehabt, die du nicht befolgt hast, weil dein Verstand außerordentlich wichtige und logische Argumente anführen konnte, die dich gegen die Stimme deines Herzens haben handeln lassen? Wie oft hat dir dein Gefühl deutlich gesagt, dass du von etwas die Finger lassen solltest, dass du dich vorsehen solltest, und du hast dich gegen dein Gefühl entschieden, weil die Sache für den Verstand ganz klar zu sein schien. Wenn du dir noch einmal vor Augen führst, dass dein Verstand in den allermeisten Fällen in deinem Leben gar nicht die Möglichkeit hat, alle wichtigen Argumente für oder gegen eine Entscheidung zu kennen, so spricht doch eine ganze Menge dafür, andere Entscheidungsinstanzen in deinem Leben mit heranzuziehen. Denn im schlimmsten Fall hat dein Verstand so wenig

Fakten zur Verfügung, dass er nur eine „falsche" Entscheidung treffen kann. Auwei!

Bist du immer noch mit deiner Aufmerksamkeit bei deinem Atem? Oder hat sich dein Verstand empört wieder in den Vordergrund geschoben? Wie ist dein Atem geflossen? Hat er gestockt oder ist er gleichmäßig und ruhig geflossen?

Wir möchten dich bitten, im weiteren Verlauf dieses Buches immer wieder mit deiner Aufmerksamkeit bei deinem Atem zu verweilen. Und da es wahrscheinlich ist, dass du dafür der Übung bedarfst, werden wir dich immer wieder daran erinnern.

Denn nur so wird es dir möglich sein, bestimmte Sachverhalte „ganz" aufzunehmen, das heißt, nicht nur mit der linken Gehirnhälfte. Und da wir ja an verborgene Seelenschichten gelangen wollen, brauchen wir die Mitarbeit der rechten Gehirnhälfte und weiterer Instanzen. Um jedoch Zugang zu diesen weiteren Instanzen erlangen zu können, bedarf es zunächst der Übung, die linke Gehirnhälfte ein wenig in den Hintergrund treten zu lassen.

Du kannst dir diese Arbeit erleichtern, indem du immer wieder auf deinen Atem achtest, sozusagen bei allen möglichen und unmöglichen Gelegenheiten, beim Autofahren, beim Warten an der Ampel, in einer Warteschlange, in einem Gespräch, auf dem Klo, beim Telefonieren, beim Essen, wenn du wütend wirst, wenn du zufrieden bist, wann immer. Je mehr du mit deiner Aufmerksamkeit bei deinem Atem bist, desto häufiger bist du bei dir selbst. Und das ist an sich schon eine wunderbare Übung für dich.

2   *Die Wirklichkeit erschaffen*

Wir möchten dich zunächst bitten, wieder einen tiefen Atemzug zu nehmen und dir vorzustellen, wie du mit jedem Atemzug ausatmend alles Belastende abgibst an die dich umgebende Luft bzw. an die Erde und wie du mit jedem Einatmen neue, frische Energie in dich aufnimmst, wie du sozusagen auftankst mit jedem neuen Atemzug. Und wir möchten dich bitten, im weiteren Verlauf des Kapitels immer wieder zu versuchen, mit der Aufmerksamkeit bei deinem Atem zu bleiben. Nur so können wir effektiv mit dir arbeiten.

Durch die Beobachtung deines Atems wird sich nämlich dein ganzer Metabolismus verlangsamen (Stoffwechsel, alle biochemischen Prozesse im Körper, Anm. v. C. H. Warcup), da dein Verstand nicht in der Lage sein wird, dich durch seine übliche Überaktivität in deinem üblichen Dauerstress zu halten. Damit erhält zunächst einmal dein Körper die Gelegenheit, sich zu erholen, sozusagen erst einmal tief Luft zu holen, was sich sehr regenerierend auf ihn auswirken wird. Weiterhin kann das Gelesene ganz anders aufgenommen werden, wie wir schon angedeutet haben.

Betrachten wir nun zunächst einmal den Titel dieses Buches: Herzens-Bildung: Der Weg zur Meisterschaft.

Was verstehst du darunter? Was erwartest du von so einem Titel? Warum willst du eine Meisterschaft erringen? Willst du „besser" sein als andere? Was ist deine Motivation?

Lasse dir einige Augenblicke Zeit, darüber nachzusinnen. Vergiss dabei aber deinen Atem nicht.

Könnte es sein, dass du ein wenig von deinem üblichen Denken Abstand nehmen solltest? Von deinem Bewertungsdenken, wer „weiter" ist als andere, wer „besser" ist als andere? Und von deinem Erwartungsdenken an dich selbst, möglichst „weit" zu kommen? Könnte es sein, dass du dabei den Blick nicht auf das wirklich Wesentliche lenkst?

Vielleicht hast du bereits beim Lesen dieser Zeilen bei gleichzeitiger Beobachtung deines Atems bemerkt, dass allein durch die Beobachtung deines Atems – und damit dem Verweilen im Augenblick –mehr und mehr eine Ruhe in dich Einzug halten kann, die du durch Denken niemals erreichst.

Wenn du wirklich eine Meisterschaft „erringen" willst, hast du im Grunde bereits den falschen Ansatz gewählt. Ihr seid so sehr geprägt von „Leistungsgedanken", dass ihr die Tendenz habt, Dinge „erkämpfen" zu wollen. Erinnert ihr euch? Wir haben gesagt, dass es uns zunächst darauf ankommt, die linke Gehirnhälfte, also eure männliche Seite, in den Hintergrund treten zu lassen. Und das ist eure „kämpferische" Seite. Wie wäre es, wenn ihr einmal versucht, etwas nicht durch Kämpfen zu erreichen, sondern durch *Sein*? Vermutlich werden viele von euch sich fragen, wie um alles in der Welt ihr etwas durch *Sein* erreichen könntet. Habt ihr doch alle gelernt und in den meisten Fällen tief verinnerlicht, dass ihr nur durch Leistung zu etwas kommt. Nun, ist das in eurem Leben wirklich immer so gewesen? Hat euch wirklich immer „Leistung" vorwärts gebracht? Oder waren es nicht eher „günstige" Umstände, „Zufälle", die euch am richtigen Ort zur richtigen Zeit die richtigen Impulse gegeben haben? Und wie oft habt ihr Leistung investiert, ohne dass es euch den gewünschten Erfolg gebracht hat, obwohl man euch immer und immer wieder versichert hat, dass ihr nur durch Leistung zu etwas kommen könnt?

So ganz scheint das mit dem Glaubenssatz, dass ihr nur durch Leistung zu Erfolg kommt, nicht zu stimmen. Seid ihr bei eurem Atem? Nehmt noch einmal einen tiefen Atemzug, gebt ausatmend alle Spannung, alles Verbrauchte ab, und lasst euch einatmend wieder auffüllen mit frischem Sauerstoff und frischer Energie.

Nun werden etliche unter euch einwenden, dass schließlich von nichts auch nichts kommen kann. Stimmt das? Stimmt das wirklich? Was heißt denn hier „nichts"? Wenn es nur heißt, nichts Aktives zu tun, sondern nur zu denken, dann ist das nicht „nichts". Im Gegenteil, das ist alles andere als nichts. Denn wenn ihr euch überlegt, dass alles, was ihr an Gegenständen in eurem täglichen Leben in den Händen haltet, zunächst ein Gedanke war, bevor es zu einem Ding werden konnte, dann seid ihr in eurem Gehirn ganz gewaltig am Arbeiten. Leider aber seid ihr meist nicht sehr effektiv am Arbeiten, denn viele eurer wunderbaren Gedankenansätze werden von euren ebenfalls gedachten – und leider sehr viel öfter gedachten und vor allem gefühlten – Glaubenssätzen wieder zunichte gemacht. Jeder Gedanke ist der Ursprung einer Tat, einer Handlung, einer Entstehung materieller Dinge. Und zwar in weit größerem Maße, als euch das normalerweise bewusst ist. Es ist nicht nur so, dass *Dinge*, die ihr herstellen wollt, wie beispielsweise ein Kuchen oder ein Drachen für eure Kinder, zunächst von euch gedacht oder erdacht werden müssen.

Es ist Zeit, sich darüber klar zu werden, dass ihr mit *jedem* Gedanken, den ihr denkt, wir wiederholen, mit *jedem* Gedanken, den ihr denkt, Wirklichkeit erschafft. Das heißt, es ist Zeit zu verstehen, dass ihr euch laufend, ohne Unterlass, eure eigene Wirklichkeit erschafft.

Vergesst euren Atem nicht.

Stellt euch einmal eine Person vor, die hektisch versucht, eine ihr gestellte Aufgabe zu erfüllen. Sie weiß, dass sie nur begrenzt Zeit zur Verfügung hat, um diese Aufgabe zu erfüllen, und der Gedanke, diese Aufgabe nicht in der zur Verfügung stehenden Zeit erledigen zu können, bereitet ihr aufgrund verschiedener Glaubenssätze Stress. Wie effektiv wird sie ihre Aufgabe meistern? Wie konzentriert wird sie sich den einzelnen zu erledigenden Arbeitsschritten zuwenden können? Wird sich die Effektivität ihrer Arbeit durch einen erhöhten „Leistungseinsatz" steigern lassen können? Wohl kaum, solange sie durch Ängste zu mehr „Leistung" angetrieben wird. Denn dann wirkt ein uraltes Stressprogramm in ihrem Körper, das ganz andere Ziele verfolgt, als die gestellte Aufgabe in einer bestimmten Zeit zu erledigen. Und damit sinkt ihre Konzentrations- und Leistungsfähigkeit proportional zur Intensität des Stressgefühls.

Warum also wollt ihr eine Meisterschaft „erringen"? Wenn du dir einmal ansiehst, wie erfolgreich du bisher in deinem Leben Zufriedenheit „errungen" hast, solltest du dein Ansinnen vielleicht doch noch einmal überprüfen.

In der Zwischenzeit kann dir dein Atem wieder wertvolle Hinweise geben. Deinen Atem musst du nicht erringen, es sei denn, du stellst dir selbst Hindernisse in den Weg. Im Normalfall fließt er ganz von selbst, im Einklang mit deinem Sein.

Und hier findest du den Schlüssel zu deiner Meisterschaft.

Darum wende dich deinem Atem zu, immer wieder. Lasse deinen Atem dir Aufschluss geben über dein Sein, über deine Blockaden, über deine Glaubenssätze. Aber lasse dir Zeit, lasse dir viel Zeit. Wenn du versuchst, schneller zu atmen, als es deinem Körper und seinen Anforderungen entspricht, wird dir schwarz vor Augen, weil du im Extremfall hyperventilierst. Das ist eine Schutzmaßnahme deines Körpers. Ähnlich wird deine Seele reagieren, wenn du dich überforderst, wenn du dir nicht genügend Zeit gibst, dich zu ergründen. Lasse dir selbst ebenso Zeit wie deinem Atem und du wirst in der dir angemessenen Zeit ohne Stress leicht ans Ziel gelangen. Vertraue auf die Weisheit deiner Seele, vertraue auf die unendliche Weisheit, die dir innewohnt, und vertraue darauf, dass du zur rechten Zeit ans Ziel gelangen wirst. Entspanne dich und lasse deinen Atem fließen, ganz bewusst.

3   *Die Gefühle wahrnehmen*

Nehmen wir an, du befindest dich in einer für dich neuen Situation. Etwas in deinem Leben hat sich verändert und du musst dich zunächst einmal neu orientieren, da du die neuen Spielregeln noch nicht kennst und die Dinge für dich noch nicht nach eingefahrenen Mustern verlaufen. Diese Situation erfordert deine ganze Aufmerksamkeit, denn ohne die gewohnten Abläufe kannst du dich nicht so entspannen wie normalerweise, wenn du deine Handlungen halb automatisch, sozusagen mit Autopilot, ablaufen lässt. Du bist sehr viel wacher, präsenter, denn du brauchst die Informationen deiner Umgebung, um deine Reaktionen und Handlungen neu darauf abstimmen zu können. Das heißt, du bist sehr viel bewusster und achtsamer bei der Sache. Du achtest viel mehr auf die Mimik, die Gesten deiner Mitmenschen, du nimmst sehr viel mehr Informationen auf als in einer gewohnten, eingefahrenen Situation. Das eröffnet dir neue Möglichkeiten, denn du bist so viel eher in der Lage, neue Wege zu beschreiten, es sei denn, du bist von alten Ängsten und Glaubenssätzen geleitet, die dich regelrecht dazu zwingen, in ganz bestimmter Weise auf bestimmte Auslöser zu reagieren. Wenn du zum Beispiel meinst, alles stets zur Zufriedenheit der Anderen erledigen zu müssen, da du befürchtest, sonst nicht anerkannt und geliebt zu werden, wirst du alle deine Antennen darauf ausrichten, mitzubekommen, wie jede deiner Handlungen in der neuen Situation auf die anderen wirkt. Das heißt, dein Augenmerk ist nicht mehr darauf ausgerichtet, die zu erledigenden Aufgaben möglichst effektiv zu erledigen, ganz einfach weil sie erledigt werden müssen und weil du dich nicht stundenlang damit aufhalten willst, sondern deine ganze Aufmerksamkeit gilt der Vermeidung von Situationen, in denen deine Angst aktiviert werden könnte. Das hat zweierlei Folgen: Die Angst vor der Angst ist ein nicht zu unterschätzender Stressfaktor, der zum Beispiel deinen Atem blockiert. Dazu bindet deine Angst so viel Energie, dass die Wahrscheinlichkeit, die anstehende Aufgabe nicht zur Zufriedenheit der anderen zu erledigen, drastisch ansteigt. Und damit bringst du dich unweigerlich immer wieder in Situationen, in denen genau diese Angst, nicht anerkannt und geliebt zu sein, aktiviert wird.

Auch hier hilft dir wieder dein Atem. Denn da diese Glaubenssätze sozusagen im Verborgenen wirken, für den Betroffenen also nicht klar ersichtlich sind, scheint er ihnen mehr oder weniger hilflos ausgeliefert zu sein. Wenn du aber in einer entsprechenden Situation deinen Atem beobachtest, kannst du an der Veränderung deines Atems bemerken, wann ein Stressfaktor einsetzt. Und so erhältst du die Möglichkeit, die Situation bewusster zu erleben, bzw. bewusster wahrzunehmen, welche Gefühle sich in dir zeigen, statt nur von deinen Ängsten gegängelt zu werden. Und so erhältst du mehr und mehr die Möglichkeit, dich bewusst in Situationen hineinzugeben, die dir normalerweise Unbehagen bereiten. Und dadurch wiederum ist es dir mehr und mehr möglich, die damit verbundenen Gefühle immer bewusster wahrzunehmen, ja, sie zulassen zu können, um dich ihnen ganz bewusst zu stellen.

Denn so unbequem es auch zunächst sein mag, erst wenn ihr euch allen Gefühlen, allen Anteilen in euch stellt, seid ihr mehr und mehr in der Lage, euch in allen Aspekten anzunehmen. Und dann erst seid ihr in der Lage, euch in eurer Ganzheit anzunehmen, ohne irgendeinen Teil in euch abzulehnen. Und erst dann könnt ihr euch bedingungslos lieben.

Und wenn euch das gelingt, seid ihr vollkommen unabhängig von der Liebe im Außen, da ihr sie dann ja in eurem Inneren lebt. Das Paradoxe daran ist aber, dass ihr dann auch uneingeschränkt Liebe im Außen erfahren könnt, da ja nichts mehr in euch sich davor fürchtet, nicht genug Liebe zu erhalten. Die Welt spiegelt euch in perfekter Weise, wie ihr euch selbst behandelt, was ihr euch selbst gebt. Und damit gibt sie euch wunderbare Gelegenheiten, euch selbst zu erkennen.

Und so sind wir wieder bei eurem Atem, diesem wunderbaren Lebenselixier, diesem wunderbaren Hilfsmittel, euch selbst und euren Glaubenssätzen auf die Spur zu kommen.

Setze dich also wieder ganz bewusst hin, achte dieses Mal darauf, dass dein Rücken aufrecht ist, damit dein Atem besser fließen kann und du dich damit besser auf das konzentrieren kannst, was in dir geschieht, ohne schläfrig zu werden.

Schließe deine Augen und beobachte deinen Atem, ganz in Ruhe, das Einatmen und das Ausatmen von Anfang bis zum Ende. Lasse dir Zeit, lasse dir ganz viel Zeit, lasse einfach geschehen.

Drückt dich etwas? Bedrückt dich etwas? Schränkt etwas deinen Atemfluss ein?

Wenn du merkst, dass ein Kleidungsstück deinen Atemfluss behindert, so lockere es. Warum trägst du Kleidung, die dich im Atem einschränkt? Warum gestattest du dir, dich einschränken zu lassen? Warum gestehst du dir nicht zu, den Raum einzunehmen, der dir gebührt?

Lasse deinen Atem zu dir sprechen. Lausche ihm. Lasse dich ganz auf ihn ein. Nimm dir Zeit.

Spüre die Tiefe deines Atems. Spüre, wie tief dein Atem dich mit dir selbst in Verbindung bringt. Und spüre die tiefe Ruhe, in die dich dein Atem trägt. Spüre und genieße.

Nimm dir nach Möglichkeit Zeit, jeden Tag deinen Atem intensiv zu erspüren.

Nimm dir Zeit, dich selbst zu erspüren.

Nimm dir Zeit für dich selbst. Du kannst dir soviel selbst geben. Du musst es nicht von anderen erwarten. Und wenn du es dir selbst gibst, kannst du sicher sein, dass du es erhältst, von dir *und* von den anderen. Wenn du dich dagegen nur auf das Außen verlässt, besteht eine hohe Wahrscheinlichkeit, dass du leer ausgehst. Erst was du dir selbst zugestehst, kann auch leicht zu dir kommen.

Wenn du es zulässt, kann es freiwillig kommen. Wenn du es dagegen verfolgst, hat es die Tendenz, vor dir zu fliehen.

Genauso kannst du leicht zu dir selbst kommen, wenn du dich zulässt. Dann brauchst du nicht mehr vor dir selbst zu fliehen. Dann kannst du ganz *sein*, im Augenblick, in jedem Augenblick neu, ganz du selbst.

4   *Den Schmerz annehmen*

Nehmen wir an, ihr seid ganz bei eurem Atem. Er fließt ruhig ein – und – aus, ein – und – aus, ganz in Ruhe, ein – und – aus, ein – und – aus. Ihr seid ganz bei euch. Nichts kann euch stören, nichts kann euch beunruhigen, nichts kann euch aus der Ruhe bringen. Ihr seid Ruhe, ganz im Augenblick, in diesem Augenblick.

Plötzlich geht das Telefon. Ihr erwartet einen Anruf, der euch Aufschluss geben soll über eine Angelegenheit, in der man eure Mitarbeit wünscht, die sehr gefragt zu sein scheint. Ihr geht frohen Mutes zum Telefon. Und vergesst euren Atem. Nein? Wunderbar. Ihr nehmt also noch einen tiefen bewussten Atemzug, bevor ihr den Hörer abnehmt. Ihr seid ganz bei euch und bei eurem Atem. Ihr ruht in euch.

Am anderen Ende der Leitung teilt man euch mit, dass eure Mitarbeit doch nicht gewünscht wird, obwohl es vorher so schien, als solltet ihr möglichst noch am selben Tage euren Einsatz starten. Aufgrund eines Missverständnisses hat man die Mitarbeit eines Anderen vorgezogen. Ihr fühlt euch abserviert. Und vergesst euren Atem, wenn ihr ihn nicht vorher schon vergessen habt. Je nach Temperament und Vorgeschichte habt ihr nun die verschiedensten Verhaltensweisen, unter denen ihr wählen könnt. Könnt ihr wirklich wählen? Ihr neigt aufgrund eurer Erfahrungen, Glaubenssätze und Strukturen zu bestimmten Verhaltensweisen, die von Person zu Person sehr variieren können. Eines aber ist allen diesen Verhaltensweisen gemein: Wenn sie aus der Angst geschehen, nicht angenommen und geliebt zu sein, wird die Tendenz zerstörerisch sein, nach innen oder nach außen oder beides.

Nehmen wir an, ihr habt es in der ganzen Zeit geschafft, bei eurem Atem zu bleiben und die Veränderungen in eurem Atem während des Telefonats wahrzunehmen. Wenn ihr das geschafft habt, seid ihr ein gewaltiges Stück vorangekommen, denn so habt ihr euch die Möglichkeit eröffnet, bewusster zu registrieren, auf welche Auslöser ihr reagiert. Oft geschieht nämlich Folgendes: Derjenige, der euch die unangenehme Nachricht überbringen soll, fühlt sich in den meisten Fällen nicht besonders wohl bei dieser Aufgabe. Insbesondere wenn er selbst die Entscheidung getroffen hat oder maßgeblich daran beteiligt war, wird er versuchen, die Aufgabe möglichst schnell hinter sich zu bringen. Dadurch ergibt sich häufig ein mehr oder weniger schroffer Ton. Selbst wenn der Ton sich kaum verändert, sind die Schwingungen der Gedanken und Gefühle des Sprechers so deutlich für den anderen vernehmbar, als wenn der Ton sehr schroff wäre. Und je nach Struktur des Empfängers werden Erinnerungen an alte Zurückweisungen aktiviert bzw. an Gefühle, die aufgrund alter Zurückweisungen gespeichert sind. Die häufigste Reaktion darauf ist Verteidigung und damit Abwehr, und das heißt letztlich Angriff.

Stellen wir uns den Idealfall vor: Der Empfänger der Botschaft ist ein ganz und gar in sich ruhender Mensch, voller Vertrauen in das Universum und fest davon überzeugt, dass alles, was ihm widerfährt, nur das Allerbeste für ihn ist, wenn er es auch nicht immer verstehen kann. Er hat keine Glaubenssätze mehr in sich, die ihn Schlimmstes annehmen lassen. Er kann nur das Allerbeste annehmen. Wie wird ein solcher Mensch reagieren? Er wird die Botschaft hören, sich für die Information bedanken, in sich hineinfühlen, was sie in ihm auslöst und sich dann dankbar darauf verlassen, dass eine viel bessere Lösung auf ihn wartet. Und damit kann er sich wieder in Ruhe und Frieden seinen Tagesgeschäften widmen.

Mit dem Vertrauen, dass alles zu seinem Besten geschieht, muss er sich auch nicht darüber aufregen, dass ein Missverständnis zu der Entscheidung gegen ihn geführt hat. Er kann sich im Gegenteil in seiner Auffassung bestätigt sehen, dass die große Kraft, die in seinem Leben wirkt, in vollendeter Weisheit dafür gesorgt hat, dass er sich nicht unnötig engagiert, wenn sowieso etwas Besseres auf ihn zukommt, besser insofern, als es ihm die

Möglichkeit eröffnet, noch mehr über sich selbst zu erfahren und zu verstehen, um so noch mehr ganz zu sich zu finden und zu heilen. Besser aber auch in dem Sinne, dass nur das zu ihm kommt, was wirklich zu ihm gehört, was wirklich gerade „dran" ist, was also noch besser seiner jetzigen Lebenssituation entspricht. Vielleicht ist es ihm gerade gelungen, einen Quantensprung zu machen, vielleicht hat er es gerade geschafft, sich von einem alten Glaubenssatz zu befreien, vielleicht hat sein Gegenüber gerade etwas in seinem Leben verändert, so dass die neue Schwingung nicht mehr mit der Schwingung des angeblichen Opfers zusammenpasst. Und nach dem Gesetz der Resonanz führt das zu Konsequenzen. Dann kann nicht mehr zusammenkommen, was nicht mehr zusammenpasst. Und das ist auch gut so.

Wenn ihr es geschafft habt, euch von einengenden Glaubenssätzen zu befreien, dann nützt es euch nichts mehr, Situationen zu erleben, die genau diesen alten Glaubenssatz auf den Plan rufen. Ihr habt keinen Nutzen mehr aus solch einer Situation. Ihr habt etwas erkannt, seid in der Lage, es umzusetzen, und damit erübrigt sich die Notwendigkeit der Erkenntnis und Übung in dieser Angelegenheit. Das alte Gefühl, das mit dem alten Glaubenssatz verknüpft war, kann durch eine entsprechende Situation nicht mehr ausgelöst werden, es ist geheilt, und die dahinter liegende Energie steht euch nun uneingeschränkt zur Verfügung. Und somit könnt ihr übergehen zum nächsten Punkt, der gesehen und geheilt werden will, Schritt für Schritt, in dem euch angemessenen Tempo, zur rechten Zeit.

Genauso wie der Atem zu euch kommt im rechten Augenblick, zur rechten Zeit, so kommt alles zu euch, zur rechten Zeit, im rechten Augenblick. Oft jedoch seid ihr nicht in der Lage, das zu erkennen und hadert mit eurem Leben. Damit verbraucht ihr immens viel Energie – mit Widerstand gegen etwas, das sich nicht bekämpfen lässt. Ihr kämpft sozusagen gegen Windmühlenflügel. Ihr verbraucht all eure Energie, eine Sache abzulehnen, die es in eurem Leben gibt. Ihr versucht damit, etwas zu verneinen, was bereits da ist. Und damit nährt ihr es auch noch. Ihr gebt ihm unaufhörlich Energie, so dass es größer und größer wird, so dass euer Schmerz größer und größer wird, – bis, ja, bis ihr diesen Schmerz nicht mehr übersehen könnt und er so groß geworden ist, dass ihr euch ihm stellt. In dem Augenblick, in dem ihr den Schmerz bzw. das dahinterliegende Problem in seiner Existenz anerkennt, kann es gehen, denn es hat seinen Auftrag erfüllt.

Ihr könnt das vergleichen mit einem kleinen Kind, das die Aufmerksamkeit seiner Mutter erlangen möchte. Es wird sich solange bemerkbar machen, bis es die Aufmerksamkeit der Mutter erhält. Und je schwieriger es ist, die Aufmerksamkeit der Mutter zu erreichen, desto ausgefallener und auffälliger wird das Verhalten des Kindes sein. Wenn dann die Mutter das Kind immer noch ignoriert, vielleicht sogar bewusst, weil sie versucht, auf diese Weise das Kind dazu zu bewegen, sich ruhig zu verhalten, so wird das Kind immer mehr versuchen, die Aufmerksamkeit der Mutter zu erzwingen. In gewisser Weise hat es dann sogar Erfolg, wenn die Mutter ärgerlich wird und mit dem Kind zu schimpfen beginnt. Es hat dann Aufmerksamkeit erhalten, wenn auch nicht in der Form, die es eigentlich erhalten wollte. Sein Bedürfnis nach Zuwendung wird aber zumindest zum Teil gestillt. In dem Augenblick, in dem die Mutter sich dem Kind ganz zuwendet und ihm ihre volle Aufmerksamkeit gibt, fühlt es sich in seinen Bedürfnissen gesehen und anerkannt. Es kann sich entspannen und sich wieder seinem Spiel zuwenden. Es muss keine Aufmerksamkeit mehr erzwingen. Genauso verhält es sich mit eurem Schmerz. Solange ihr versucht, ihn zu vermeiden, wird er sich immer wieder melden. Und je länger ihr versucht, ihn zu unterdrücken, desto lauter wird er sich melden, bis ihr ihn endlich erlöst, bis ihr ihn endlich annehmt, er endlich sein darf und heilen kann. Wie oft habt ihr Angst vor eurem Schmerz, der doch nur wie ein hilfsbedürftiges Kind versucht, eure Aufmerksamkeit zu erregen. Wie oft lauft ihr vor ihm davon, vor einem Teil eurer selbst.

Ihr könnt ihm nicht entkommen, ihr könnt ihn nur heilen, denn er gehört zu euch.

5   *Das Potenzial leben*

Was macht euer Atem? Fließt er frei und ruhig? Oder haltet ihr ihn immer wieder an?

Ist euch schon aufgefallen, wann ihr ihn anhaltet? Bei welchen Gelegenheiten?

Wann haltet ihr euren Atem an?

Wenn es spannend wird, sowohl in einem Film als auch in eurem Leben. Wenn es nicht entspannend ist, sondern spannungsgeladen, wenn sich Spannung aufbaut, die sich nicht lösen kann. Diese Spannung teilt sich euch sofort über euren Atem mit, und das manchmal sehr subtil, da nur bestimmte Bereiche eures Brustkorbs zum Beispiel davon betroffen sind. Da macht ihr dann in bestimmten Bereichen eures Lebens „dicht". Da lasst ihr nichts mehr an euch heran, nicht einmal euren Atem, euer Lebenselixier.

Versucht einmal, euch an eine spannungsgeladene Situation in eurem Leben zu erinnern. Schließt eure Augen und versucht, euch in diese Situation hineinzufühlen und beobachtet dabei euren Atem. Lasst euch hierfür einige Augenblicke Zeit.

Wenn ihr bewusst euren Atem fühlt, könnt ihr immer feststellen, in welchen Bereichen es stockt, es nicht fließt, sowohl in eurem Atem als auch in eurem Leben.

Nehmen wir wieder ein Beispiel zu Hilfe. Stellt euch vor, ihr habt einen ganz großen Auftritt vor euch. Ihr sollt vor einer recht großen Gruppe von Menschen etwas vortragen, sei es ein Bericht, eine Petition, eine Beschwerde, eine Rede, ein Projekt, einen Monolog aus einem Theaterstück, einen Text, ein Musikstück. Und ihr habt so etwas noch nie gemacht. Stellt es euch möglichst bildlich vor, den Saal, die Menschen, die Bühne, auf der ihr steht. Alle warten auf euren Auftritt, die Scheinwerfer sind auf euch gerichtet. Wie atmet ihr? Atmet ihr überhaupt noch? Macht ihr euch so klein wie möglich, da ihr am liebsten wieder von der Bühne verschwinden würdet? Wartet ihr auf das große Loch im Boden, das euch möglichst schnell verschlingen möge? Oder überwiegt der Abenteurer in euch? Der Teil, der sein ganzes Potenzial leben möchte, der sich daran erfreut, im Rampenlicht zu stehen, der darauf brennt, neue Situationen zu erleben, zu erfühlen, um seinen Erfahrungsschatz zu erweitern? Der weiß, dass er etwas ganz Individuelles zu bieten hat, etwas, das kein anderer vor ihm und nach ihm in der gleichen, ganz speziellen Weise bieten kann.

Im ersten Fall überwiegt eure Angst. Eure Angst, etwas nicht richtig zu machen, und damit eure Angst vor Ablehnung, vor Liebesentzug, vor Ausgrenzung. Der Verstand nennt das dann: Wenn mir nichts mehr einfällt .., wenn ich einen Fehler mache ..., wenn mir die Stimme versagt ..., wenn irgendetwas schief geht. Und oft reicht diese Angst in eurem Leben aus, viele, viele Dinge, die in euch nur darauf warten, gelebt zu werden, in den Hintergrund treten zu lassen und andere vorzuschicken, obwohl ihr genau wisst, dass ihr es mindestens ebenso gut hinbekommen könntet wie der, den ihr vorgeschickt habt. Ihr zieht es vor, eure Angst zu vermeiden, bzw. Situationen zu vermeiden, die alten Schmerz über Zurückweisung, Liebesentzug, Ausgrenzung in euch hervorrufen können. Doch damit lebt ihr euer Potenzial nicht. Damit verneint ihr all die wunderbaren Gaben, die euch gegeben wurden, damit ihr sie nutzt, für euch selbst und zu eurer eigenen Freude und für die anderen. Das, was euch leicht fällt, ist eure Gabe. Das, was euch leicht fällt, fällt nicht allen anderen auch leicht. Im Gegenteil, oft fällt ihnen das, was euch leicht fällt, besonders schwer. Und sie bewundern heimlich das, was ihr so leicht tun könnt. Das, was sie leicht tun können, erkennen sie nicht an, da es ihnen leicht fällt und sie gelernt haben, dass man hart arbeiten muss, um etwas Wertvolles zu schaffen. Also kann etwas, das leicht fällt, nichts Besonderes sein. Seht ihr, was das für ein Unfug ist? Ihr alle lechzt nach Anerkennung und vermeidet immer wieder Situationen, in denen ihr Anerkennung für eure Gaben erhalten könntet – aus Angst vor Zurückweisung. Das habt ihr oft genug in eurem Leben gelebt, in eurer Kindheit zum Beispiel, dass das, was ihr angeboten habt, zurückgewiesen wurde, dass es als „nicht gut genug" bewertet wurde. Und so tragt ihr diese Angst in euch und betrachtet euch selbst immer wieder höchst kritisch.

Nun aber ist es Zeit, diese Verhaltensmuster zu durchbrechen. Es ist Zeit, eure Gaben zu leben, eurer Angst zu begegnen und sie damit aufzulösen. Und das geht nur, indem ihr euch eurer Angst und damit Situationen stellt, die bisher diese Angst in euch ausgelöst haben.

Stellt euch einmal vor, wie die Welt aussehen würde, wenn jeder seinen Reichtum leben würde, wenn jeder den Mut hätte, das zu tun, was ihm leicht fällt und Freude bereitet, wenn jeder sein Potenzial leben und damit die Welt erfreuen und bereichern würde. Die Welt sähe anders aus, die Menschen sähen anders aus, sie würden vor Zufriedenheit und Erfüllung strahlen, denn wie ihr wisst, ist es ungemein befriedigend, etwas zu tun, das leicht fällt und Spaß macht und andere erfreut. Nun, liebe Freunde, darum geht es in eurer Meisterschaft, Schritt für Schritt eurer wahres Potenzial zu erschließen und es mehr und mehr zu leben, um diesem Planeten ins Licht zu verhelfen, bei jedem von euch, ohne Ausnahme.

Nun meinen einige unter euch vielleicht, dass die Welt zusammenbrechen würde, wenn jeder nur noch das machen würde, was ihm leicht fällt und Freude macht. Dürfen wir dich darauf hinweisen, dass das ein Glaubenssatz in Aktion ist? Bedenkt einmal, wie unterschiedlich ihr seid, welch unterschiedliche Neigungen und Vorlieben ihr habt. Wie sollte es da nicht möglich sein, dass sich diese Vorlieben wunderbar ergänzen? Wenn die große Kraft, die alles erhält, euren Körper mit all seinen vielfältigen Funktionen erschaffen kann, die Welt mit all ihren Komponenten am Leben erhalten kann, dann dürfte es doch vielleicht auch möglich sein, die Begabungen auf dieser Welt so zu verteilen, dass alle an ihrem Platz in optimaler Weise zum Gelingen des Ganzen beitragen. Doch das muss gar nicht euer Ziel sein. Solange ihr darauf achtet, dass ihr euer eigenes Potenzial lebt, dass ihr eure eigene Meisterschaft anstrebt, tragt ihr zu einer „besseren" Welt bei. Was nutzt es Kindern, wenn ihre Mutter sich im Dienst an ihren Kindern völlig aufopfert und dann eines Tages zusammenbricht, weil sie ihre eigenen Bedürfnisse vernachlässigt hat, weil sie den Kindern und deren Wohlergehen so viel mehr Beachtung geschenkt hat als sich selbst? Glaubt ihr nicht, dass es den Kindern weit besser bekommt, wenn sie eine Mutter haben, die ihr Potenzial lebt und klar und offen zu ihrem eigenen Wert und ihren eigenen Bedürfnissen steht? Meint ihr, das sei eine Rabenmutter? Nur weil sie ihr Licht nicht unter den Scheffel stellt und sich nicht geringer achtet als ihre Kinder? Welche Mutter wird zufriedener sein und Zufriedenheit weitergeben? Meint ihr nicht, dass die Kinder eine unterschwellige Unzufriedenheit spüren, die eine Mutter in sich trägt, die sich selbst nicht achtet und sich gegen ihr Gefühl aufopfert, weil „man" das so macht? Opfert ihr euch auf, weil man das so macht, weil man euch das eingetrichtert hat? Oder gesteht ihr euch zu, dass ihr einzigartig seid, dass ihr ein Potenzial habt, das darauf wartet, gelebt zu werden?

Welche Angst hält euch zurück? Welche Angst macht es euch so schwer, euch auf noch unbekanntes Terrain zu begeben und Neues auszuprobieren? Fühlt in euch hinein, fühlt euren Atem und ihr könnt sie spüren, diese Angst. Und ihr werdet feststellen, dass die Angst vor der Angst viel größer war als die Angst selbst. Solange ihr mit eurem Atem verbunden seid, könnt ihr jeder Angst begegnen, ganz in Ruhe, Schritt für Schritt. Und ihr werdet feststellen, welch wunderbares Potenzial sich hinter jeder Angst verbirgt, welch wunderbare Kraft, die zu leben ihr nie den Mut hattet. Es ist Zeit, meine Lieben, euch eurer Angst zu stellen. Es ist Zeit, euch zu befreien. Es ist Zeit, euer Potenzial zu leben. Es ist höchste Zeit, denn euer Potenzial wird gebraucht. Erinnert ihr euch? Ihr seid nicht so unwichtig, wie ihr immer geglaubt habt, ihr seid wichtig, jeder Einzelne von euch. Jeder Einzelne von euch trägt bei zum großen Ganzen, zur Transformation des großen Ganzen. Darum macht euch auf, macht euch auf, den Drachen zu besiegen und an euren Schatz zu gelangen. Und vergesst nicht: Ihr seid niemals allein. Ihr habt alle Hilfe, die ihr braucht. Wir geben sie euch gern. Bittet uns darum und wir sind da. Bittet uns um Hilfe, und sie ist euch gewährt.

6 *Sich den Drachen stellen*

Was ist euer persönlicher Drache?
Welche Hydra hält euch in eurem Leben davon ab, euer wahres Potenzial zu leben?
Unangenehme Fragen? Das mag wohl sein. Aber wenn ihr wirklich auf dem Weg zu eurer Meisterschaft vorankommen wollt, ist es unerlässlich, sich diesen Fragen und vor allem den Antworten zu stellen.
Wir möchten euch bitten, in den nächsten Tagen vermehrt darauf zu achten, wann ihr zaudert, vermehrt darauf zu achten, wann ihr Impulse, die ihr an sich sehr deutlich spürt, zur Seite schiebt, so, als hättet ihr nichts wahrgenommen. Ihr habt diese Impulse, die euch weiterbringen sollen, die euch veranlassen sollen, in Gebiete eurer Emotionalität vorzustoßen, die ihr bisher tunlichst vermieden habt. Und ihr könnt sie auch weiter vermeiden, das ist ganz allein eure Entscheidung. Doch wenn ihr weiterkommen wollt, wenn ihr eure emotionale Freiheit erlangen wollt, dann hilft euch diese Art von Vermeidungsstrategie nicht weiter. Im Gegenteil, sie lässt euch in altbekannten, aber eben schmerzhaften Gefilden verharren.
Stellt euch einmal vor, ihr wäret bereits am Ziel, wie immer dieses Ziel auch aussehen mag. Aber stellt euch vor, ihr könntet euer Leben einfach genießen, jeden Tag, jeden Augenblick, immer und ewig. Stellt euch vor, ihr würdet euch nicht mehr den Kopf zerbrechen, warum X euch heute so merkwürdig angeschaut hat, warum Y euch so barsch angefahren hat. Stellt euch vor, ihr könntet solche Vorkommnisse einfach betrachten, ohne in euch graben und wühlen zu müssen mit den Fragen: Was habe ich falsch gemacht? Was hat das jetzt für Konsequenzen? Werde ich jetzt abgelehnt? Werde ich jetzt nicht mehr geachtet und geliebt?

Wäre das nicht das Paradies? Nun, dieser Zustand ist gar nicht so weit entfernt, wie ihr immer meint. Der erste Schritt ist euch im Grunde bereits klar: Im Augenblick bleiben und sich nicht in alten Gedankenschleifen verlieren und immer wieder betrachten und auseinandernehmen, was ihr eventuell „falsch" gemacht habt. Weiterhin sich nicht in horrenden Zukunftsvisionen aufhalten, indem ihr euch ausmalt, was alles schief gehen kann, denn damit könnt ihr euch unendlich beschäftigen und euch vom Hier und Jetzt sehr erfolgreich entfernen. Und drittens euch euren Drachen stellen. Sie sehen nur von weitem so Furcht erregend aus, so unbesiegbar und alles vernichtend. Wenn ihr euch ihnen nähert, sind sie plötzlich sehr viel kleiner, ja, sie schrumpfen häufig zu einem Nichts zusammen. Eure Angst hat sie genährt, hat sie sich aufblasen und zu Giganten heranwachsen lassen. Doch wenn ihr euch eurer Angst stellt und euch ihnen in Bewusstheit zuwendet, sinken sie in sich zusammen wie ein aufblasbares Plastikmonster, aus dem man den Stöpsel zieht. Ein unansehnliches, harmloses Stück Plastik bleibt dann übrig, das euch keine Furcht mehr einjagen kann. So ähnlich verhält es sich mit euren Drachen, nur mit dem Unterschied, dass sie Teil von euch sind, dass sie zu euch gehören, dass ihr sie nicht wie ein Stück Plastik entsorgen könnt. Sie sind Teil von euch, der sich nicht verleugnen lässt. Sie sind Teil von euch, der gesehen und integriert werden muss, um euch an euer wahres Potenzial gelangen zu lassen. So wie der Prinz, der den Drachen besiegt, an den Schatz gelangt und obendrein die Prinzessin bekommt, so gelangt ihr an euren Schatz, an eure Prinzessin in euch, an Teile, die bisher ein Schattendasein in euch gefristet haben und die befreit werden müssen, um gelebter Teil von euch zu werden.

Und wir können euch versichern: Hinter eurer größten Angst lauert euer größtes Potenzial, lauert euer größtes Geschenk, für euch selbst und für alle anderen. Worauf wartet ihr noch? Darauf, dass ein anderer kommt, um euren Drachen zu besiegen? Da könnt ihr lange warten. Andere können euch vielleicht eine Weile euer Schwert tragen, kämpfen, aber euch stellen müsst ihr euch schon selbst. Niemand kann euch dabei helfen. Erst wenn ihr euch gestellt habt, könnt ihr Hilfe erwarten, Hilfe in mannigfaltiger Form. Den ersten Schritt müsst ihr allein gehen, den Schritt, euch eurer Angst zu stellen. Nur ihr allein trefft diese Entscheidung, niemand kann sie euch abnehmen. Doch wenn ihr euch stellt, sind wir da. Dann stehen wir euch zahlreich zur Seite, dann lindern wir eure Schmerzen, dann halten wir euch und versorgen euch mit all dem, was ihr benötigt, um zu heilen und neu zu erstehen. Und das wird wunderbar sein. Ruft uns, und wir sind zur Stelle. Verlasst euch darauf.

Wenden wir uns wieder eurem Atem zu. Lassen wir ihn eine Weile frei fließen und spüren hinein. Lasst euch dabei Zeit, ganz viel Zeit.

Und während euer Atem nun ruhig fließt, wenden wir uns wieder eurem Drachen zu. Wie sieht er aus, euer Drache? Groß und bedrohlich? Klein und bissig? Bittet ihn, sich euch zu zeigen, sich euch fühlbar zu machen. Bleibt jedoch unbedingt mit eurer Aufmerksamkeit bei eurem Atem. Fühlt tief in euch hinein. Lasst euch Zeit. Wisst, wir sind da. Wir nehmen jeden Schritt in euch wahr und sind zur Stelle. Ihr seid niemals allein.

Begrüßt euren Drachen, wie immer er auch aussehen mag, wie immer er sich auch anfühlen mag. Heißt ihn willkommen. Denn die Tatsache, dass er sich zeigt, sich euch fühlbar macht, gibt euch die Chance, ihn zu erkennen und euch zu befreien und zu heilen. In diesem Bewusstsein dankt ihm, dankt ihm aus eurem Herzen dafür, dass er sich zeigt und ihr ihn fühlen könnt. Nichts kann euch geschehen. Wie gesagt, ihr seid nicht allein. Bleibt bei eurem Atem und fühlt nun in euer Herz und ladet den Drachen bzw. das entsprechende Gefühl in euer Herz ein. Öffnet euer Herz noch einmal ganz weit, um eurem Drachen Einlass zu verschaffen und wisst, selbst der größte Drache hat Platz in eurem Herzen. Ihr habt eine solch große Kraft der Liebe in eurem Herzen, dass sie Raum für alles bietet. Auch für euren größten Drachen. Denn ihr seid Liebe. Ihr seid Liebe. Und den Zugang zu dieser Liebe und damit zu eurer eigenen Kraft der Heilung findet ihr immer in eurem eigenen Herzen.

Wann immer ihr das Gefühl habt, einen Drachen in eurer Nähe zu verspüren, öffnet euer Herz, ladet den Drachen ein und nehmt ihn an. Und er wird Teil von euch werden, geheilter Teil. Und je größer dieser Teil war, desto mehr Kraft wird euch anschließend zur Verfügung stehen und euch in eurem Leben begleiten, so wie der Drache euch vorher begleitet hat. Denn wisst: Ihr könnt euren Drachen nicht entkommen. Sie begleiten euch auf Schritt und Tritt als scheinbare Feinde, als scheinbare Verfolger, als scheinbare Bedrohung. Und doch sind sie eine Gnade für euch, denn sie erinnern euch immer wieder daran, dass ihr euren Schatz noch nicht gefunden habt, dass ihr euer wahres Potenzial noch nicht ganz lebt. Erst wenn ihr alle eure Drachen liebevoll in euer Herz schließen könnt, seid ihr am Ziel. Dann habt ihr eure Meisterschaft errungen, sobald ihr euch dazu durchgerungen habt, euch allen Aspekten eurer selbst in Liebe zu stellen und sie anzunehmen. Ihr seid unermesslich geliebt.

7 *Den Schatz heben*

Worauf wartest du noch? Soll dein Drache erst anklopfen und selbst Einlass verlangen? Nun, wenn du lange genug wartest, könnte es sogar sein, dass er das eines Tages tut. Dann aber wird er nicht unbedingt einen Zeitpunkt abwarten, der dir passt. Dann wird er irgendwann anklopfen, und zwar dann, wenn es ihm passt. Und Drachen neigen nicht dazu, sanft anzuklopfen. Sie neigen eher dazu, sich sehr deutlich vernehmbar, sozusagen unüberhörbar auf sich aufmerksam zu machen. Und je nach Größe kann das sehr laut sein. Und wenn du deinen Drachen lange genug durch deine Ängste genährt hast, kann es sein, dass dein Drache so laut ist, dass er dein bisheriges Leben mit all seinen scheinbaren Sicherheiten ganz gehörig durcheinanderwirbelt. Und das ist auch gut und richtig so, denn letztlich ist es die Aufgabe deines Drachen, deinen Schatz zu verwalten, bis du in der Lage bist, ihn selbst zu heben. Und dein Drache weiß, wann er dir dazu verhelfen muss, dich deines Schatzes anzunehmen, er weiß, wann der Zeitpunkt gekommen ist, dich unmissverständlich darauf hinzuweisen, dass er seine Aufgabe lange genug erfüllt hat und nun die Verantwortung für dein Potenzial an dich abgeben muss. Insofern ist der Drache keine Bedrohung für dich, im Gegenteil, er ist dein Freund und Helfer, sozusagen ein Geburtshelfer auf deinem Weg zu deiner Vollkommenheit. Und wenn du ihn als solchen betrachtest, fällt es dir vielleicht auch leichter, ihn bereits vorher in dein Leben einzuladen, dein Herz für ihn zu öffnen, um ihn in deinem Herzen Platz nehmen zu lassen und dich deines Schatzes ganz anzunehmen. Vertraue darauf, dass du die Kraft und die Fähigkeit hast, all deine Drachen in dein Herz zu nehmen und deinen Schatz zum Wohle aller anzunehmen und zu leben.

Wenden wir uns wieder einem Beispiel zu.

Nehmen wir an, du befindest dich in einer Situation, die einem Drachen in deinem Leben entspricht. Was könnte das sein? Achte weiterhin auf deinen Atem, insbesondere wenn du dich mit deinen Drachen beschäftigst.

Nehmen wir an, es ist eine Situation, in der du meinst, etwas nicht ausreichend bieten zu können, um einen bestimmten Standard zu erfüllen. Diese Situation ist bei jedem von euch unterschiedlich, der Drache ist jedoch derselbe. Es ist der Drache, der euren Schatz der Selbstachtung und des Selbstvertrauens bewacht, bis ihr diese Qualitäten selbstverständlich leben könnt. Ihr spürt diesen Drachen immer wieder in eurem Solar Plexus, wenn ihr in Situationen gelangt, in denen ihr meint, nicht genug „bieten" zu können, was immer das auch für euch heißen mag. Ein erster Schritt, euch den verborgenen Qualitäten zu nähern, wäre, einmal in Ruhe zu überlegen, was ihr denn unter „genug bieten" versteht. Wenn ihr euch einmal diesem Anspruch in euch bewusst stellt, werdet ihr feststellen, dass der Anspruch häufig sehr diffus, kaum näher zu definieren und völlig unabhängig von dem ist, was ihr wirklich zu bieten habt. Selbst wenn ihr auf dem betreffenden Gebiet mit zur Weltspitze zählt, kann es sein, dass euch dieser Drache verfolgt. Denn er *ist* völlig unabhängig von eurem wirklichen Können, er ist einzig dafür da, euch daran zu erinnern, dass ihr *selbst* meint, dass ihr nicht genug zu bieten habt. Er ist nur dafür da, euch zu helfen, die Dinge einfach zu tun, ohne Erwartungsdruck von euch selbst bzw. von inneren Instanzen. In den meisten Fällen verhält es sich so, dass ihr in eurer frühen Kindheit Bewertungen aus eurer Umwelt zu euren eigenen Bewertungskriterien gemacht habt, ohne diese Kriterien je zu hinterfragen. Häufig steckte in diesen Bewertungen eurer Umwelt die Angst anderer, wie zum Beispiel die Angst eurer Eltern, keine guten Eltern zu sein, da in ihnen derselbe Drache noch nicht erlöst war. Das heißt, ihr habt blind Beurteilungskriterien übernommen, die bei näherer Betrachtung gar nicht eure Kriterien sein können, da sie euch und eurer Persönlichkeitsstruktur gar nicht entsprechen. Erschwerend kommt

35

hinzu, dass ihr oft Sanktionen erlitten habt, wenn ihr diesen Kriterien nicht entsprochen habt, so dass ihr fest davon überzeugt seid, dass es euch schlecht ergehen wird, wenn ihr diesen Kriterien nicht entsprecht. Deshalb ist es so wichtig, dass ihr euch zunächst einmal fragt, was ihr denn unbedingt erreichen „solltet", welche Kriterien ihr denn meint, erfüllen zu müssen. Als nächstes wäre es angemessen, euch zu fragen, ob ihr wirklich irdische Maßstäbe ansetzt oder außerirdische, das heißt, in der materiellen Welt kaum zu realisierende Maßstäbe. Und das ist häufiger der Fall, als ihr meint. Wen wollt ihr denn beeindrucken? Wem wollt ihr unter allen Umständen zeigen, dass ihr souverän, professionell, ohne Schwächen seid? Und warum? Warum wollt ihr euch nicht als Menschen zeigen? Als Menschen, die „Fehler" machen, ganz selbstverständlich, als Menschen, die aus ihren „Fehlern" lernen, die Erfahrungen machen und dann entscheiden, welche Erfahrungen sie anschließend machen wollen? Wenn ein kleines Kind, das Laufen lernt, bei jedem Hinfallen meint, dass es als Versager dasteht oder besser liegt, wird es vermutlich niemals laufen lernen. Es probiert etwas aus, macht eine Erfahrung und verwertet diese Erfahrung beim nächsten Schritt. So solltet ihr eure Erfahrungen machen, ohne Bewertung, ohne Verurteilung. Wenn ihr so leben könnt, braucht ihr keine Drachen mehr, die euch an euer Potenzial erinnern. Und wenn ihr so leben könnt, könnt ihr euch an eurem Potenzial erfreuen, statt ständig in der Angst zu leben, nicht zu genügen. Wie oft macht ihr euch Gedanken, wie ihr wohl dasteht, was X oder Y über euch denken. Und dabei nehmt ihr euch so furchtbar wichtig, wenn ihr meint, dass X und Y nichts Besseres zu tun hätten, als sich über euch und eure Performance Gedanken zu machen. Genauer gesagt aber nehmt ihr eure „Schwächen" wichtig, ihr bauscht sie auf, die kleinsten „unverzeihlichen" Fehler, ihr macht sie groß und mächtig, bis sie euch und euer ganzes Denken beherrschen.

Seht ihr, wie wichtig es ist, dass eure Drachen eines Tages anklopfen, um euch von euren Trugschlüssen zu befreien? Um euch daran zu erinnern, wer ihr wirklich seid? Ihr seid nicht auf diesen Planeten gekommen, um euch in eurer Winzigkeit zu kasteien, sondern um eure Größe zu leben. Habt den Mut, euch euren Drachen zu stellen, habt den Mut, sie in euer Herz einzuladen, habt den Mut, euch selbst zu vertrauen, eurer wahren Kraft und Stärke, um sie endlich leben zu können!

8 *Die Angst auflösen*

So, nun wollen wir uns einem deiner Drachen zuwenden. Was macht dein Atem bei diesem Gedanken? Fließt er frei? Beobachte eine kleine Weile zunächst einmal deinen Atem, bleibe mit deiner ganzen Aufmerksamkeit bei deinem Atemfluss, ganz in Ruhe, ganz in innerer Stille.

Fließe mit deinem Atem, im Augenblick, jetzt, hier und jetzt, lasse dich nicht ablenken von deinen Gedanken, die wie junge Hunde umherhüpfen wollen. Bleibe einfach mit deiner Aufmerksamkeit bei deinem Atem, immer wieder, immer wieder neu, in jedem neuen Augenblick. So bist du ganz bei dir. Und während du weiterhin mit deinem Atem verbunden bleibst, lässt du nun aus der Tiefe deines Seins ein Bild aufsteigen, oder ein Wort oder einen Gedanken.

Das ist der Drache, der uns nun beschäftigen wird. Bleibe bei deinem Atem mit deiner Aufmerksamkeit, wende dich in aller Ruhe und Gelassenheit deinem Bild oder Wort oder Gedanken zu, bleibe ganz bei dir, fühle deinen Atem die ganze Zeit ganz bewusst. Und lasse geschehen. Was tut sich in dir? Welche Gefühle zeigen sich?

Bleibe mit deinem Atem verbunden und nimm wahr, was ist. Nicht mehr und nicht weniger. Das ist alles, was du im Augenblick tun kannst. Atme und fühle, atme und fühle, denke nicht, atme und fühle. Lasse dir Zeit. Dein Bild wird sich vermutlich verändern, ganz von selbst. Das heißt, du brauchst nicht über deinen Drachen nachzudenken, die Informationen, die du nun benötigst, können viel besser in dir aufsteigen, wenn du einfach nur mit deinem Atem verbunden bleibst und fühlst, in Wahrhaftigkeit, ohne dich abzulenken. Wo fühlst du etwas? In der Magengegend, dem Solar Plexus oder woanders in deinem Körper?

Fühle, nimm wahr, was ist, ohne zu denken, ohne zu analysieren. Nimm ganz einfach wahr, was ist und atme ganz bewusst. Vermutlich zeigt sich nun eine alte Angst immer deutlicher. Bleibe bei deinem Atem, bleibe bei deiner Wahrnehmung, lasse dich leiten von deinem Atem. Denke nicht. Wenn du beginnst, zu denken, fängst du unweigerlich an, einzuordnen, zu bewerten mit deiner linken Gehirnhälfte. Das bringt dich jedoch nicht weiter, das hat dich dein ganzes Leben noch nicht viel weiter gebracht in Bezug auf deine Ängste, in Bezug auf deine Drachen. Also fühle ganz bewusst und atme ganz bewusst. Und erkenne die Wurzel deiner Angst, die Wurzel deines Übels, die Wurzel deines Problems: Immer und überall ist es deine Angst vor Ablehnung, deine Angst, nicht geliebt zu werden, deine Angst, zurückgestoßen zu werden, deine Angst, nicht gut genug zu sein, es nicht verdient zu haben, geliebt zu werden.

Stelle dich! Bleibe bei deinem Atem, bleibe mit deiner Aufmerksamkeit in diesem Augenblick. Du bist nicht allein. Du wirst unterstützt auf mannigfaltige Art, auch wenn es dir nicht bewusst ist. Du wirst unterstützt durch vielfältige Energieströme, die dich weiten und es dir erleichtern, dich zu öffnen, wann immer du dafür bereit bist. Du wirst unterstützt mit der ganzen Liebe und Kraft deiner unsichtbaren Begleiter. Vertraue darauf, auch wenn du sie nicht bewusst wahrnehmen kannst.

Erkenne, dass hinter all deinen Ängsten immer diese eine Angst stand, dass du bei all deinen Problemen, wie immer sie auch ausgesehen haben, versucht hast, diese Angst zu vermeiden. Erkenne, dass es in erster Linie nicht darum geht, all deine Probleme zu lösen, sondern dass es darum geht, diese eine Angst anzugehen, sich ihr zu stellen. Denn nur wenn du diese Angst auflöst, wirst du dich entspannen können in deinem Sein, ganz entspannen und fallen lassen können in dem tiefen Vertrauen, dass du geliebt *bist*, seit Anbeginn der Zeit.

Wende dich nun wieder deinem Bild, deinem Wort, deinem Gedanken zu, der sich dir nun wieder aus der Tiefe deines Seins zeigt. Sei mit dem, was sich dir nun zeigt. Sei und fühle, ganz in Ruhe, ganz in Stille. Und nun stelle dir vor, wie du dich in dieser

Situation, die deinen Drachen für dich darstellt, ganz bewusst bewegst, ganz bewusst verhältst. Das heißt, du bleibst ganz bewusst mit deinem Atem verbunden und fühlst. Du begibst dich nun ganz bewusst in die Situation, die du immer vermieden hast, und bleibst mit dir und deinem Fühlen verbunden. Und siehe, du vergehst nicht, wie du dachtest! Du fühlst, du fühlst und *bist* mit deinem Schmerz, mit deiner Angst, aber du löst dich nicht auf, du vergehst nicht. Verweile weiter in der Verbindung mit deinem Atem in deinem Gefühl. Verweile im Sein mit dem, was ist. Und du wirst sehen, wie sich die Angst zu verändern beginnt, wie der Drache an Größe und Bedrohlichkeit verliert. Wenn du das Gefühl hast, dass es dir zuviel wird, so kannst du jeden Augenblick entscheiden, es fürs erste gut sein zu lassen. Du kannst dich immer wieder neu entscheiden, einen neuen Anlauf zu nehmen, ganz geduldig, es immer wieder zu versuchen, ohne Wertung, ohne Verurteilung. Du musst nicht alles beim ersten Mal schaffen. Das dürfte den Wenigsten unter euch gelingen. Entscheidend ist, dich immer bewusster in Situationen zu begeben, die dir bisher Angst gemacht haben, die du bisher vermieden hast, die du schnell verdrängt hast, wenn du daran erinnert worden bist. Mit der Zeit wird es dir immer leichter fallen, dich auf diese Situationen einzulassen, ganz bewusst. Und mit der Zeit wirst du in deinem täglichen Leben feststellen, wie du plötzlich in einer Situation, die bisher eine kaum vorstellbare Herausforderung für dich war, ganz gelassen und bewusst reagieren kannst, in dem vollen Vertrauen, getragen und geschützt zu sein. Du wirst feststellen, dass sich mit dem Nachlassen deiner Angst deine Möglichkeiten immer mehr erweitern. Und du wirst Begabungen und Fähigkeiten an dir entdecken, die du dir in deinen kühnsten Träumen niemals hättest vorstellen können. Denn mit dem Schwinden deiner Ängste gelangst du an deinen Schatz, an deinen Erfahrungsschatz vieler, vieler bereits gelebter Leben. Lasse dich überraschen, was so alles in dir schlummert. Und mit einem Schmunzeln können wir dir sagen, dass du noch viel Freude an dir haben wirst bei der Entdeckung alter, in dir schlummernder Fähigkeiten. Stelle dir einmal vor, was du in früheren Leben so alles gemacht haben könntest, welche Fähigkeiten und Fertigkeiten du dir erworben hast im Laufe einer langen Zeit. Und so beginnst du zu erahnen, dass so manches Talent noch in dir schlummern muss, von dem du bisher noch gar nichts bewusst mitbekommen hast. Ihr seid so sehr gewohnt, einer festgelegten Norm entsprechen zu wollen, dass es euch oft gar nicht in den Sinn kommt, dass es noch viel mehr mögliche Begabungen gibt, als die Norm fordert. So individuell wie ihr seid, so individuell sind auch eure Begabungen und Talente. Und je mehr ihr euch euren Ängsten und Blockaden stellt, desto mehr dieser wunderbaren Begabungen und Talente können zum Vorschein kommen. Klingt das nicht verlockend? Also auf, frisch gewagt, ist halb gewonnen. Wendet euch eurem Atem zu, immer wieder, und begegnet euren Drachen mehr und mehr bewusst.

9 *Bei sich selbst bleiben*

Wenden wir uns wieder einem Beispiel zu. Nehmen wir an, ihr habt euch mit jemandem überworfen, der in eurem Leben eine wichtige Rolle gespielt hat. Ihr habt versucht, im Augenblick zu bleiben, euch euren Gefühlen zu stellen und habt bereits eine ganze Menge heilen können. Ja, ihr habt sogar schon Dankbarkeit empfinden können für die wunderbare Gelegenheit, an alte Schmerzen und Verletzungen zu kommen und sie fühlen und heilen zu können. Und ihr wart eigentlich der Meinung, dass ihr das Problem gelöst hattet, bis, ja, bis ihr zufällig in einem Gespräch mitbekommt, dass der Andere die ganze Sache anscheinend ganz anders sieht. Plötzlich merkt ihr, wie schön ihr euch die ganze Sache zurechtgelegt hattet, wie ihr euch selbst ganz selbstverständlich davon überzeugt hattet, dass die ganze Sache nichts mehr mit euch zu tun hatte, sondern dass die andere Seite nun am Zug sei. Ihr merkt ganz einfach, wie es in euch reagiert, wie es urplötzlich wieder um eure Ruhe geschehen ist, wie ihr euch nun ständig gedanklich wieder mit dem Thema beschäftigt, obwohl ihr das eigentlich gar nicht wollt. Irgendetwas stört euch noch gewaltig, auch wenn ihr das überhaupt nicht wahrhaben wolltet. Was nun?

Wenn euch eine Sache immer wieder in Gedanken beschäftigt, wenn ihr euch dabei ertappt, wie ihr immer wieder „Gespräche" mit dem Anderen habt, in denen ihr immer wieder um dieselbe Sache kreist, die euch einfach nicht in Ruhe lässt, bzw. die ihr nicht loslassen könnt, dann mag es Zeit sein für einen erneuten Kontakt mit dem Anderen.

Wie reagiert ihr auf diesen Gedanken? Freudig? Oder eher verhalten? Was hält euch zurück, den Kontakt zum Anderen zu suchen? Welche Angst hält euch zurück? Was könnt ihr verlieren?

Vielleicht solltet ihr einmal überlegen, was euch schlimmstenfalls passieren kann, wenn ihr den Kontakt zum Anderen sucht. Schlimmstenfalls könnte euch der Andere zurückweisen, den Kontakt mit euch ablehnen oder euch beschimpfen, euch eure „Vergehen" vorhalten, ganz einfach nicht bereit sein, sich euch mit offenem Herzen zu nähern.

Wenn ihr davor Angst habt, so könnte euch gar nichts Besseres passieren. Das wundert euch? Nun, indem der Andere eure Angst sozusagen bedient, erhaltet ihr eine wunderbare Übungsmöglichkeit, nämlich die Gelegenheit, euch eurer alten Angst zu stellen. Ihr könntet ganz bewusst in diese Situation hineingehen, ganz verbunden mit eurem Atem, ganz verbunden mit eurem offenen Herzen und ganz einfach fühlen, was sich in euch zeigt. Das heißt, ihr könntet versuchen, euch in dieser Situation einmal ganz um euch selbst zu kümmern, euch selbst all eure Aufmerksamkeit zu geben, statt nur wie das Kaninchen vor der Schlange auf die Reaktion des Anderen zu warten. Ihr könntet ganz einfach ganz bei euch selbst bleiben, in eurem eigenen Herzen und ganz in Ruhe abwarten, was geschieht, statt von vornherein das Schlimmste anzunehmen. Und so könntet ihr obendrein den Anderen auch gleich in eurem Herzen begrüßen, wenn ihr eh schon in eurem Herzen seid. Denn wenn ihr nicht in eurem Herzen anwesend seid, bleibt dieser Platz vakant, er ist nicht besetzt, denn niemand kann in eurem Herzen willkommen geheißen werden, wenn ihr selbst nicht anwesend seid. Und wenn ihr den Anderen in eurem Herzen begrüßt, werdet ihr auch nicht in Versuchung geraten, euch verteidigen zu wollen. Ihr könnt dann einfach bei dem bleiben, was ist, ohne Interpretation und vor allem ohne Fehlinterpretation. Denn was geschieht in eurem Leben, wenn ihr euch in einer Situation befindet, in der ihr Angst habt? Ihr interpretiert wild drauflos, ihr seht in allem und jedem eine Ablehnung, dreht jede Aussage so, dass sie eurer – meist negativen – Erwartung entspricht. Und so manövriert ihr euch immer weiter in eure Angst hinein und aus eurem Herzen heraus, und findet in allem eine Bestätigung für eure Angst und eure schlimmsten Erwartungen. Indem ihr jedoch mit eurem Atem verbunden bleibt und euer Herz ganz bewusst geöffnet haltet, erschließt ihr euch die Möglichkeit, euch von eurem Zentrum aus, von eurer Mitte aus, der Situation zu nähern, um sie neu zu erleben, mit einer ganz neuen Bewusstheit. Und ihr werdet Wunder erleben. Ihr werdet verwundert feststellen, dass sich die Situation mit eurer Bewusstheit verändert, entsprechend eurer Bewusstheit, und wie Dinge, die euch zuvor unerträglich, ja, nicht einmal vorstellbar erschienen, in einem Augenblick all ihren Schrecken verlieren.

Ihr glaubt es nicht? Dann probiert es aus. Versucht einmal, die ganze Sache als ein Spiel, als einen Versuch zu betrachten, als eine neue Erfahrung, bei der ihr nichts verlieren, sondern nur gewinnen könnt, zumindest neue Erfahrungen. Indem ihr euch euren Schreckgespenstern mit dieser neuen Offenheit nähert, legt ihr sie nicht mehr fest, ihr habt dann keine festgefügten Erwartungen an eure Mitmenschen, und damit gebt ihr ihnen die Möglichkeit, sich anders zu verhalten als bisher. Ganz abgesehen davon, dass sie sich nicht mehr von euch bedroht fühlen, wenn ihr ihnen aus eurem Herzen heraus begegnet. Denn dann werden sie die andere Schwingung, die Schwingung eures Herzens spüren, und die ist nun einmal nicht bedrohlich. Vielleicht werden sie ein wenig verwundert schauen, denn sie sind ein ganz anderes Verhalten von euch gewohnt. Und dann merken sie, bewusst oder unbewusst, dass sie sich nicht mehr vor euch schützen müssen, dass sie sich ihrerseits öffnen können, dass sie euch mit einem offenen Herzen begegnen können. Je nachdem, wie sie bisher in ihrem Leben gelebt haben, je nachdem, welche Erfahrungen sie bisher in ihrem Leben gemacht haben, können sie sich schnell öffnen oder langsam. Doch darauf kommt es nicht an. Wichtig ist nur, dass sie sich öffnen werden, vielleicht nicht sichtbar für euch, aber sie werden es tun, mit Sicherheit. Darauf könnt ihr euch verlassen. Doch darauf kommt es für euch nicht an. Für euch selbst ist zunächst einmal nur wichtig, inwieweit ihr euch selbst öffnen und anderen offen begegnen könnt. Wir können euch nur ermutigen, euch immer wieder Situationen ganz bewusst zu stellen, die euch bisher eher Unbehagen bereitet haben, ganz einfach, um immer mehr üben zu können, euch alten Gefühlen in euch zu stellen, um sie erlösen zu können, um all eure Drachen liebevoll in euer Herz schließen und ihnen mehr und mehr dankbar sein zu können für den großen Dienst, den sie euch erweisen und schon immer erwiesen haben.

10 *Dem Körper lauschen*

Bisher haben wir uns vor allem emotionalen Schmerzen zugewendet.

Nun aber soll es um körperliche Schmerzen gehen. Und da gibt es nicht wenige in eurem Leben. Solange ihr jung seid, geht ihr in den meisten Fällen davon aus, dass Schmerzen im Normalfall nur von kurzer Dauer sind, denn ihr seid es gewohnt, einen schmerzfreien Körper zu haben, es sei denn, ihr seid von einer Krankheit bedroht, die euch mit Schmerzen konfrontiert. Normalerweise aber habt ihr Vertrauen in euren Körper, in die Regenerationsfähigkeit eures Körpers, so dass ihr einfach davon ausgeht, dass sich euer Körper in kurzer Zeit wieder auf seinen Normalzustand einstellt. Und ihr nehmt das als ganz selbstverständlich hin. Ihr empfindet es eher als den Ausnahmezustand, wenn ihr Schmerzen fühlt. Im Laufe eures Lebens ändert sich diese Einstellung bei vielen von euch langsam, fast unmerklich. Ihr haltet es für mehr und mehr normal, hier und da kleine Zipperlein zu haben, hier und da von Schmerzen belästigt zu werden. Und wenn es gar zu schlimm wird und die Schmerzen euch in eurer Leistungsfähigkeit einschränken, gibt es ja auch noch Pillen, mit denen ihr die Symptome im Notfall schnell beseitigen könnt. Und so merkt ihr häufig gar nicht, wie ein Symptom sich immer wieder bemerkbar macht, immer deutlicher bemerkbar macht, damit ihr es endlich wahrnehmt. Irgendwann sucht ihr dann einen Arzt auf, der euch ein Symptom nennt, es mit einem wissenschaftlichen Namen benennt und euch ein Medikament oder eine Therapie verschreibt. Mit dem Erhalt eines wissenschaftlich anerkannten Namens könnt ihr nun zumindest sicher sein, dass ihr euch nichts einbildet. Ihr habt wirklich etwas, das ist euch nun von fachkundiger Seite bestätigt worden. Und nun geht es in erster Linie darum, dieses Etwas wieder loszuwerden. Ihr gebt diesem Etwas immer mehr Aufmerksamkeit, je nachdem wie lästig es euch ist. Und damit hat das Etwas auch seinen Zweck erfüllt, zum Teil zumindest. Denn einen Haken hat die ganze Sache. Ihr geht nämlich meistens davon aus, dass ihr etwas *habt*. Oft jedoch wäre es weit sinnvoller, einmal zu überlegen, was euch *fehlen* könnte, Aufmerksamkeit zum Beispiel, Anerkennung, Zuwendung, Zeit für euch selbst. Die Liste von möglichen „Mangelerscheinungen" ist lang.

Euer Körper will euch in seiner grenzenlosen Weisheit darauf aufmerksam machen, dass ihm bzw. euch etwas fehlt, und in vielen Fällen handelt es sich um fehlende Bewusstheit. Bewusstheit in Bezug auf eure Bedürfnisse, auf eure Ängste, euren Raum einzunehmen, euch selbst ganz und gar wahrhaftig zu leben. Euer Körper weist euch hin auf eure von euch selbst auferlegten Einschränkungen, die es euch ermöglicht haben, in eurer Umwelt zu „funktionieren". Aber irgendwann ist der Zeitpunkt gekommen, euch darauf hinzuweisen, dass nun der nächste Schritt ansteht, der euch fühlbar gemacht werden soll. Oft habt ihr bereits seit einiger Zeit Impulse verspürt, etwas zu unternehmen, etwas in eurem Leben zu verändern. Die äußeren Umstände haben sich mehr oder weniger deutlich verändert und so wird es immer klarer, dass auch ihr nun etwas in Angriff nehmen solltet. Aber aufgrund verschiedener Ängste habt ihr es noch nicht gewagt, etwas zu verändern. Solange ihr in alten Bahnen fahrt, wisst ihr wenigstens, was ihr zu erwarten habt, so meint ihr zumindest. Aber genau das ist ein Trugschluss. Da sich alles ändert in jeder Sekunde, wird es immer so sein, dass Neues auf euch zukommt, ob euch das behagt oder nicht. Und euer Körper in seiner Weisheit weist euch zunächst sachte und dann immer deutlicher darauf hin, dass etwas Neues für euch ansteht. Je länger ihr wartet, desto deutlicher werden die Hinweise, desto klarer werden die Zeichen, bis sie unübersehbar sind. Oft hat sich dann auch im Außen bereits so viel geändert, dass ihr sowohl von innen als auch von außen mehr oder weniger gezwungen werdet, nach neuen Wegen zu suchen.

Gehen wir einmal davon aus, dass euer Körper, dieses Wunderwerk der Natur, im Normalfall vor Gesundheit strotzt. So sollte es zumindest sein. Welchen Grund sollte ein solcher Körper haben, Symptome zu entwickeln? Welchen anderen Grund als den, euch auf etwas aufmerksam zu machen, euch auf etwas hinzuweisen? Ihr alle kennt die Begriffe eurer Sprache, die euch in vielen Fällen auf die Ursache einer körperlichen Problematik hinweisen: etwas schlucken, sich etwas zu Herzen nehmen, hartherzig sein, hartnäckig sein, Schiss haben, kurzsichtig sein, sich etwas aufladen, nicht zu etwas stehen können, sich vor etwas drücken, etwas nicht verdauen können, vor Wut platzen etc., etc. Und je nachdem, welche Bereiche ihr noch zu entwickeln, oder besser gesagt, zu heilen und zu erlösen habt, gibt euch euer Körper mehr oder weniger deutliche Hinweise. Wenn ihr diese Hinweise aber nun immer wieder ignoriert oder mit Medikamenten zum scheinbaren Verschwinden bringt, kann keine Entwicklung geschehen oder zumindest nicht in dem Maße, wie es für euch sinnvoll und im wahrsten Sinne des Wortes gesund wäre. Und solange ihr meint, dass ihr ein Symptom nur loswerden wollt, verpasst ihr die Chance, dem Mangel auf die Schliche zu kommen, zum Beispiel dem Mangel an Selbstliebe.

Nehmen wir wieder ein Beispiel: Nehmen wir an, ihr habt ein Problem mit einer anderen Person. Der Kontakt ist seit einiger Zeit abgebrochen und ihr müsst immer mal wieder an diese Person denken. Jedes Mal zieht sich euer Herz ein wenig zusammen, denn im Grunde eures Herzens möchtet ihr den Kontakt zu dieser Person noch, vielleicht keinen sehr intensiven, aber einen entspannten. Ihr möchtet an diese Person denken können, ohne ein unangenehmes Gefühl zu verspüren, möchtet einem Impuls, diese Person zu kontaktieren, nachgeben können, ohne ins Grübeln zu verfallen, ohne euch abgelehnt zu fühlen. Und jedes Mal, wenn ihr an diese Person denkt, reagiert euer Körper. Jedes Mal wird etwas eng in euch, jedes Mal teilt euch euer Körper mit, dass da noch etwas Unerledigtes ist, dass da noch eine

Trennung besteht, zumindest in eurem Denken. Ihr habt nun mehrere Möglichkeiten: Ihr könnt diese Impulse ganz einfach ignorieren, schnell an etwas anderes denken oder euch einreden, dass euch diese Person sowieso nicht wirklich interessiert. Damit werdet ihr aber euer Herz nicht überzeugen können, denn es weiß sehr viel besser als euer Verstand, ob ihr mit dieser Person noch ein Lernfeld zu bearbeiten habt oder nicht. Es weiß sehr viel besser als euer Verstand, inwiefern ihr gemeinsam diese Lernmöglichkeit geschaffen habt, um zum Beispiel an einen alten Schmerz zu gelangen, um ihn ganz fühlen und heilen zu können.

Je bewusster ihr nun mit dieser Situation umgehen könnt, desto leichter wird euch der nächste Schritt fallen. In eurem alten Denken versucht ihr, jeden Kontakt mit dem alten Schmerz oder mit dieser Person zu vermeiden. Damit löst sich das Problem jedoch nur oberflächlich. Je bewusster ihr bereits fühlt und die Signale eures Körpers wahrnehmt, desto eher seid ihr in der Lage, ganz bewusst einen Kontakt herzustellen, euch ganz bewusst der Situation bzw. dem Konflikt, oder genauer gesagt, der alten Wunde in euch zu stellen. Und je eher ihr dann den Mut aufbringt, den Signalen eures Körpers zu vertrauen, sie wahrzunehmen und euch zu stellen, desto eher könnt ihr zum nächsten Schritt übergehen, mit all der Kraft, die in dieser Wunde gebunden war. So könnt ihr euch in euren feinstofflichen Körpern immer mehr klären, so dass euer physischer Körper immer weniger gezwungen ist, sich über die deutlich stärkeren Signale auf der physischen Ebene bemerkbar zu machen.

Das heißt, dass es letztlich darum geht, euch euren Schmerzen zuzuwenden, statt sie abzulehnen, sowohl euren emotionalen als auch euren körperlichen Schmerzen oder Symptomen. Allerdings nicht in der Angst, dass etwas in euch nicht funktioniert und ihr das Symptom so schnell wie möglich wieder loswerden müsst, sondern in dem Vertrauen, dass euer Körper sich bemerkbar macht, um euch zu zeigen, was euch fehlt. Lauscht eurem Körper, fühlt, nehmt wahr, was er euch zeigt, und nehmt an, was sich zeigt, in der Gewissheit, dass sich über den Weg der Bewusstheit das Tor zur Heilung in euch öffnet.

11   *Mit dem Körper sprechen*

Nehmen wir wieder ein Beispiel zu Hilfe:
  Stellt euch vor, ihr seid geplagt von Schmerzen, und zwar starken körperlichen Schmerzen. Der Arzt hat bereits eine Untersuchung durchgeführt, aber der Befund stimmt nicht so ganz mit eurem Schmerzempfinden überein. Was nun? Der Arzt verschreibt euch ein Schmerzmittel, das ihr aber eigentlich nicht so gern nehmen wollt, denn ihr wisst, dass ihr euren Körper auf anderen Ebenen damit belastet, durch Nebenwirkungen zum Beispiel. Und gleichzeitig „weiß" etwas in euch, dass es nicht darum geht, das Symptom zum Verschwinden zu bringen, obwohl ihr liebend gern die Schmerzen sofort los wäret. Je nach Intensität der Schmerzen greift ihr dann doch zum Schmerzmittel oder nicht. Oft jedoch schleppt ihr euch noch eine ganze Weile mit den Schmerzen herum, versucht sie zu vermeiden, nicht daran zu denken, sie zu verdrängen. Und irgendwie schafft ihr es oft, euch an die Schmerzen zu „gewöhnen", da sie mehr oder weniger euer ständiger Begleiter geworden sind. Genauso wie ihr es schafft, mit nicht mehr stimmigen Verhältnissen in eurem Leben zu „leben", euch abzufinden. Wie stark muss euch euer Körper wachrütteln? Wie stark müssen die Symptome werden, damit ihr endlich reagiert, endlich aufwacht aus eurer Lethargie? Damit ihr euch endlich Zeit für euch nehmt, in euch hineinspürt, endlich hinterfragt, was euch euer Körper mitteilen will? Da habt ihr so ein Wunderwerk an Lebendigkeit, ein solches Wunderwerk an Perfektion, das euch in der vielfältigsten Art und Weise unterstützt in diesem Leben, ohne das dieses Leben auf diesem Planeten gar nicht möglich wäre, und was macht ihr damit? Ihr ignoriert den Körper in den meisten Fällen, ihr lasst ihn träge werden, ihr wollt ihn oft nicht verstehen, ihr kümmert euch so

wenig um ihn. Ihr stopft unbewusst alles Mögliche und Unmögliche in ihn hinein und beklagt euch, wenn er sich mit Symptomen meldet. Viel schlimmer aber ist, was ihr in ihn hineindenkt! Mit der Kraft der Gedanken könnt ihr dieses Wunderwerk in perfekter Weise am Laufen halten. Aber was mutet ihr ihm die ganze Zeit zu? Da ist dies nicht gut genug, da ist die Figur nicht perfekt, da sind die Haare nicht in Ordnung, da ist dies und das nicht so, wie es sein sollte. Und euer Köpper funktioniert perfekt, wie immer ihr auch mit ihm umgeht. Perfekt in der Weise, dass er minutiös reagiert auf das, was ihr sozusagen in Auftrag gebt. Auch wenn ihr meint, dass ein Organ „versagt", so funktioniert euer Körper immer noch perfekt, denn er gibt euch unentwegt Informationen. Er gibt euch die ganze Zeit Hinweise, wenn ihr nicht in optimaler Weise mit euch selbst umgeht, wenn ihr euch selbst vernachlässigt, wenn ihr euch unter Leistungsstress setzt oder setzen lasst, wenn ihr euch selbst ablehnt, euch kasteit, euch verurteilt, wenn ihr nicht euch selbst lebt, mit eurem ganzen Potenzial. Euer Freund Körper meint es gut mit euch, er steht euch stets zu Diensten, um euch den bestmöglichen Lernerfolg zukommen zu lassen. Habt ihr schon einmal daran gedacht, ihm für seine Dienste zu danken? Euch über ihn und seine perfekte Arbeitsweise zu freuen? Ihr habt euch diesen Körper gewählt, um eure Erfahrungen zu machen, um eure Heilschritte zu gehen. Ihr habt euch dafür ein perfektes Instrument gewählt. Seid euch dieser Tatsache bewusst, denn so könnt ihr beginnen, eurem Körper mehr und mehr zu lauschen, ihn wahrzunehmen, seine Mitarbeit zu schätzen. Und wie ihr wisst, „funktioniert" ihr selbst auch besser, wenn man euch lobt, wenn man eure Arbeit anerkennt, wenn man euch für eure Dienste dankt. Nun, dasselbe gilt für euren Körper. Das kommt euch sonderbar vor? Warum versucht ihr dann nicht einmal, mit eurem Körper zu sprechen? Das kommt euch noch sonderbarer vor? Da hilft nur eins: es ausprobieren. Wenn ihr das nächste Mal einen Schmerz, eine Spannung in eurem Körper spürt, so geht mit eurer Aufmerksamkeit in dieses Gefühl hinein, natürlich während ihr mit eurem Atem verbunden seid. Begebt euch mit eurer ganzen Aufmerksamkeit in dieses Gefühl hinein und fragt die betreffende Region eures Körpers, was sie euch zu sagen hat. Wenn ihr das tut, erkennt ihr zunächst einmal die Existenz einer „Störung" an. Damit muss sie sich nicht noch stärker bemerkbar machen. Obendrein werdet ihr ein Gefühl erhalten oder sogar eine klare Antwort, um welches „Problem" es sich handelt, das sich nun auf der körperlichen Ebene zeigt. Und je aufmerksamer ihr eurem Körper „zuhört", desto leichter fällt es euch, Dinge allein durch die Hinwendung zu dem Gefühlten und Wahrgenommenen in eurem Körper zu verändern. Die Veränderung ergibt sich dann sogar oft fast wie von selbst und zwar häufig durch die sich ganz natürlich einstellende erhöhte Bewusstheit. Achtet jedoch darauf, dass ihr euch nicht an dem jeweiligen Schmerz „festhängt" und euch selbst bemitleidet, wie schlimm es doch um euch bestellt ist. Das hilft euch nicht weiter. Es geht nur darum, euch eurem Körper zuzuwenden und von ihm zu lernen, Symptome und Hinweise wahrzunehmen, Gefühle zuzulassen und mit eurem Körper und seinen Hinweisen zu *sein*. Oft erübrigt sich dann sogar ein Tun. Denn mit der sich erhöhenden Bewusstheit ergeben sich in eurem Leben ganz von selbst so viele neue Umstände und ihr verspürt so viele neue Impulse, dass sich die Veränderungen immer leichter ergeben, ohne dass sie in „harte Arbeit" ausarten müssen. Ihr seid auf dem Weg, und euer Körper erinnert euch immer wieder daran, vorwärts zu schreiten und nicht stehen zu bleiben, von einigen kleinen Verschnaufpausen abgesehen. Erinnert euch dann und wann an euer Ziel, das ihr mit diesem Weg verfolgt, an das Ziel, das euch auf diese Reise zu euch selbst gebracht hat. Erinnert euch daran, wer ihr seid, wer ihr in Wirklichkeit seid: göttliche unermessliche Wesen, strahlende göttliche Wesen auf dem Weg nach Hause, auf dem Weg zu euch selbst, zu eurer eigenen Größe und Herrlichkeit. Erinnert euch daran, dass ihr selbst diesen Weg gewählt habt, in Übereinstimmung mit dem wunderbaren göttlichen Plan für diese Erde, eurem Heimatplaneten in diesem Leben. Erinnert euch und seid gewiss: Ihr werdet euer Ziel erreichen, wie immer euer Weg auch aussehen mag. Vergleicht euch also nicht mit anderen, mit ihrem Weg, mit ihren „Leistungen", vergleicht nicht Dinge, die man nicht vergleichen kann. Erinnert euch: Ihr seid einzigartige Wesen, ein jeder von euch, mit eurem ganz persönlichen einzigartigen Potenzial. Erinnert euch und schreitet voran.

12   *Das Herz öffnen*

In den letzten zwei Kapiteln haben wir den Atem ein wenig vernachlässigt, deshalb wollen wir uns ihm wieder zuwenden. Beobachtet wieder einmal einige Atemzüge lang euren Atem, bleibt einfach mit eurer Aufmerksamkeit bei eurem Atemgeschehen und nehmt wahr, was sich zeigt. Wie fließt euer Atem? Was sagt er euch heute? Wie geht es euch? Welche Verbindung könnt ihr feststellen zwischen eurem Atem und eurem emotionalen Befinden? Wo drückt etwas, wo zwackt etwas? Fühlt genau, lasst euch Zeit, nehmt einfach wahr.

Nehmen wir an, ihr spürt eine Einschränkung in eurem Atemgeschehen. Diese Einschränkung kann euch nun einen Hinweis darauf geben, wo ihr euch noch selbst in eurem täglichen Leben, und das heißt in eurem täglichen Denken, einschränkt bzw. einschränken lasst.

Nehmen wir wieder ein Beispiel. Nehmen wir an, ihr habt einen kleinen Erfolg zu verbuchen, ein Projekt kommt endlich ins Laufen, an dem ihr schon lange gearbeitet habt. Ihr freut euch selbstverständlich über den wunderbaren Teilerfolg, und je nach eurer Persönlichkeitsstruktur freut ihr euch still vor euch hin oder ihr habt das Bedürfnis, es allen oder zumindest einigen Leuten zu erzählen, da ihr dann eure Freude teilen und noch mehr genießen könnt. Wie reagiert eure Umwelt auf eure Neuigkeit? Freut man sich mit euch oder erlebt ihr abweisende Reaktionen? Wer macht euch die ganze Sache mies, indem er zum Beispiel als erstes darauf hinweist, dass ja noch gar nicht gesagt ist, ob das Projekt überhaupt Erfolg haben wird?

Wie reagiert ihr auf solche Reaktionen eurer Umwelt? Lasst ihr euch sofort eure Freude vermiesen oder lasst ihr solche Bemerkungen ganz einfach an euch abprallen? Wie „sicher" seid ihr euch eurer Freude, der Berechtigung zur Freude, wenn es doch so vielen anderen nicht so gut geht, sie keinen Erfolg haben? Dürft ihr euch dann überhaupt „öffentlich" freuen?

Wie reagiert ihr auf diese Zeilen? Ruft es altbekannte Gefühle in euch wach? Ihr alle habt diese Erfahrung bereits gemacht, dass ihr etwas Wunderbares geschafft habt und den Erfolg nicht uneingeschränkt genießen konntet, weil ihr das Gefühl hattet, dass euch der Erfolg geneidet wurde. Wie oft aber habt ihr selbst anderen den Erfolg geneidet? Wie oft habt ihr andere zwar beglückwünscht, euch aber im Stillen auch einen solchen Erfolg gewünscht und nur mit gemischten Gefühlen den Erfolg des Anderen genießen können?

Erinnert ihr euch an unsere Aussagen zur Verbindung, die unter euch allen besteht? Erinnert ihr euch an die Tatsache, dass ihr alle miteinander verbunden seid? Und das heißt, dass alles, was ihr euch zugesteht, ihr auch anderen zugesteht. Das heißt im Klartext, dass ihr euren Erfolg erst wirklich genießen könnt, wenn ihr anderen ihren Erfolg auch von Herzen gönnen und euch daran erfreuen könnt. Und das heißt gleichzeitig, dass ihr euch erst an dem Erfolg der anderen uneingeschränkt erfreuen könnt, wenn ihr euch selbst uneingeschränkt Erfolg zugestehen könnt, euch ohne Einschränkung, ohne Angst, zurückgewiesen oder abgelehnt zu werden, erlauben könnt, Erfolg zu haben.

Nun, was könnt ihr tun in so einem Augenblick, in dem ein anderer versucht, aus seinem Mangelempfinden heraus euren Erfolg zu schmälern, eurer Freude einen Dämpfer zu verpassen? Ihr ahnt es schon? Ihr könnt zunächst einmal bei euch selbst bleiben, euren Atem beobachten, euch selbst nicht im Stich lassen, indem ihr nicht mit eurer Aufmerksamkeit bei dem Anderen verweilt und wie ein Kaninchen vor der Schlange seine weiteren Reaktionen abwartet. Wichtig ist in solchen Augenblicken, euch selbst an die erste Stelle in eurem Leben zu setzen, nicht, um verachtend auf die anderen herunterzuschauen, sondern um erst einmal mit euch selbst ins Reine zu kommen, eure eigenen Reaktionen und Gefühle genauer kennen zu lernen, um alten Glaubenssätzen und herabsetzenden Überzeugungen auf die Schliche zu kommen. Dann, wenn ihr euch selbst gut versorgt habt, könnt ihr euch eventuell dem Anderen wieder zuwenden, aber erst, wenn ihr selbst wieder sozusagen „im Lot" seid, das heißt, ganz geerdet, in Verbindung mit euch selbst und eurem Herzen. Denn es würde euch wenig nutzen, euch über den anderen aufzuregen, ihm einmal gehörig die Meinung zu sagen. Wenn ihr es aus einem verletzten Gefühl heraus tut, besteht die große Gefahr, dass ihr versucht seid, es dem anderen „heimzuzahlen", ihm ebenfalls wehzutun. Doch damit ist niemandem gedient.

Damit vergrößert ihr nur den Graben zwischen euch. Und darum geht es euch ja auch in den meisten Fällen gar nicht. Im Gegenteil, ihr fühlt euch erst wirklich wohl, wenn ihr euch mit den anderen verbunden fühlt, ja, euch verbunden wisst. Und das geschieht zuerst über euer eigenes Gefühl, über euer eigenes, weit geöffnetes Herz. Und das heißt, dass eine solche Situation wunderbar dazu angetan ist, euch daran zu erinnern, euer Herz ganz weit zu öffnen, bzw. es geöffnet zu halten, trotz einer scheinbar „miesmachenden" Reaktion. Denn ihr müsst euch euren Erfolg nicht miesmachen lassen, ihr könnt die Miesmacherei ruhig bei dem Anderen lassen. Ihr müsst die Energie aber nicht aufnehmen, sie nicht zu eurer eigenen machen, sondern ihr könnt euch einfach weiter freuen, euren Stolz und eure Freude fühlen, zumindest tief in eurem eignen Herzen. Denn wenn ihr euer Herz geöffnet habt, dann gebt ihr euch und all euren Gefühlen Raum, eben auch der Freude und dem Stolz auf Erreichtes. Und das ist auch gut und richtig so. Ihr wisst bereits tief in eurem Herzen, dass es in erster Linie darauf ankommt, dass ihr euch und das, was ihr erreicht, selbst anerkennt und nicht in erster Linie darauf wartet, dass ein anderer es anerkennt, dass ihr euch die Freude und den Stolz zugesteht. Und erst dann könnt ihr neidlos all das anerkennen, was andere erreichen.

Gleichzeitig kann es euch bei einem geöffneten Herzen gelingen, den Anderen mitsamt seiner Miesmacherei in euer Herz zu nehmen, ohne dass ihr davon beeinträchtigt würdet. Denn solange euer Herz geöffnet bleibt, hat alles darin Platz, auch die Akzeptanz dessen, was ihr sonst so gern ablehnt, um euch zu

„schützen". In eurem geöffneten Herzen ist ganz einfach Platz für alles, für euch selbst und all eure Gefühle, für eure „schwierige" Schwiegermutter, für euren „unmöglichen" Chef, für eure nervigen Mitstreiter, Kunden, Nachbarn, für alle die, die immer wieder eine Herausforderung für euch darstellen und euch immer wieder daran erinnern, dass ihr nur euer Herz zu öffnen braucht, um wieder Anschluss an die Liebe in eurem Herzen zu erhalten, an die bedingungslose, göttliche Liebe, die alles annimmt, was ist, auch euch selbst.

Und mit einem geöffneten Herzen kann es euch leicht fallen, euch zu freuen, über Erreichtes, über nicht Erreichtes, über euch selbst, über eure Mitmenschen, über das Leben, über das Sein im Augenblick.

13   *Der Stimme des Herzens vertrauen*

Heute wollen wir uns wieder eurem Körper zuwenden. Und dazu möchten wir euch bitten, euch einen Augenblick lang Zeit zu nehmen, euren Körper sozusagen „abzuscannen", euch Zeit zu nehmen, euren Körper ganz bewusst wahrzunehmen, um fühlen zu können, ob er sich euch bemerkbar macht. Wo spürt ihr etwas? Wo zwickt etwas? Wo spürt ihr eine Spannung, ein Ungleichgewicht? Seid ihr aufrecht oder nicht? Oder seid ihr in Schieflage? Wie haltet oder bettet ihr euch bzw. euren Körper? Habt ihr Kontakt zur Erde?

Lasst euch einige Augenblicke ganz in Ruhe Zeit, um zu spüren, wie es sich gerade in und um euren Körper verhält. Und lasst euren Verstand dabei aus dem Spiel! Er wird nämlich nur wahrnehmen wollen, was in sein Denkschema passt. Damit wird sich jedoch nichts verändern, im Gegenteil, er erhält dann nur neue Bestätigungen, dass sich in seiner Welt alles so verhält, wie er es versteht und festlegt. Und damit ist euch nicht geholfen.

Wenn ihr „weiterkommen" wollt, d.h., wenn ihr den Weg zur Meisterschaft über euch und euer Leben wirklich gehen wollt, ist es unerlässlich, in Bereiche vorzustoßen, die dem Verstand nicht unbedingt zugänglich sind. Das macht euch Angst? Nun, das ist verständlich, denn ihr seid es gewohnt, alles unter Kontrolle, unter Verstandeskontrolle halten zu wollen, denn so, meint ihr, kann euch nichts Unliebsames, Unerwartetes geschehen. Und genau da liegt euer Verstand völlig falsch. Wie oft sind euch in eurem Leben unliebsame Überraschungen über den Weg gelaufen? Wie oft habt ihr ein Treffen, ein Gespräch im Geiste durchgespielt, um dann nur wieder und wieder zu erfahren, dass sich nichts im voraus festlegen lässt. Ihr könnt die Zukunft nicht beherrschen, ihr könnt versuchen, sie zu planen. Das ist aber auch alles. Und je mehr ihr versucht, euch mit Hilfe des Verstandes eine „Sicherheit" zu bauen, desto unbarmherziger trifft euch dann der Verlust einer solchen „Sicherheit". Je mehr ihr auf Nummer sicher gehen wollt, desto verletzbarer werdet ihr. Je mehr ihr jedoch loslassen könnt, desto mehr kann ganz einfach geschehen im Einklang mit euch und eurem Leben. Und desto leichter können die Dinge, die für euch anstehen, in euer Leben treten und euch versorgen, mit dem, was für euch gerade förderlich ist. Wenn ihr bedenkt, dass ihr euch vor dem Eintritt in dieses Leben einen Lebensplan zusammengestellt habt, der Teil des großen göttlichen Planes ist, so wird euch schnell klar, dass euer Verstand nur einen Bruchteil der Wahrheit eures Lebens erfassen kann. Deswegen ist es so wichtig, dass ihr euren Verstand immer mal wieder zurücktreten lasst, um wieder in Verbindung zu gelangen mit eurer inneren Weisheit, mit der Stimme des Herzens in euch, die um euren Lebensplan weiß und die euch daher sicher führt und in Übereinstimmung mit dem großen Ganzen leiten kann. Dieser Stimme eures Herzens könnt ihr euch in jedwedem Augenblick eures Lebens anvertrauen. Sie kennt die Zusammenhänge in eurem Leben, sie kann euch stets die rechten Impulse geben, während euer Verstand in den meisten Fällen mit dem, was ihr von ihm verlangt, völlig überfordert ist. Er kennt nicht den großen Plan des Lebens, er weiß nicht um die Zusammenhänge in eurem Universum, noch nicht. Je mehr ihr euch jedoch für die Stimme der Weisheit in euch öffnet, je mehr ihr wieder die Macht in eurem Leben antretet, desto mehr wird auch euer Verstand verstehen und begreifen im großen Spiel des Lebens. Doch noch ist es nicht so weit. Noch ist er gefangen in seiner eigenen antrainierten Welt, einer Welt der Bewertungssysteme, der Verurteilungen, der Einordnungen in falsch oder richtig, einer Welt der Gegensätze und Trennungen. Euer Verstand hat noch einen weiten Weg zu gehen, bis er uneingeschränkt wahrnehmen und annehmen kann, dass ihr alle miteinander verbunden, dass ihr eines Geistes, eines Ursprungs und daher untrennbar miteinander verbunden seid.

Über euren Körper jedoch habt ihr einen ganz anderen Zugang zur Wirklichkeit eures Seins. Und daher ist es so wichtig, euch eurem Körper immer wieder zuzuwenden, ihn zu fühlen, ihn wahrzunehmen, ihn auch anzunehmen, wie er ist. Das ist das beste Training dafür, das, was ist, annehmen zu können, jeden Tag neu, ohne zu verurteilen, ohne etwas abzulehnen. Allein damit sind die meisten von euch bereits gut beschäftigt, allein euren Körper uneingeschränkt so anzunehmen, wie er ist. Oder könnt ihr euch bereits vor einen Spiegel stellen und euch uneingeschränkt so annehmen, wie ihr körperlich beschaffen seid? Wer von euch kann das wirklich, ohne Maßstäbe anzusetzen, die gerade gelten, die von einem Schönheitsideal ausgehen, welches gerade gilt? Wer setzt fest, wie ihr auszusehen habt außer euch selbst? Wem gebt ihr das Recht, zu befinden, ob ihr einer Norm entsprecht oder nicht? Wem gegenüber seid ihr bereit, die Macht in eurem Leben abzutreten, indem ihr andere darüber befinden lasst, ob ihr „richtig" seid? Wie ihr seht, geht diese Fragestellung sehr schnell über euren Körper hinaus. Bei eurem Körper ist es nur häufig sehr viel offensichtlicher, in welcher Form ihr euch selbst versklavt, um irgendeiner Norm zu entsprechen. Doch diese Haltung zieht sich durch euer ganzes Leben. Immer müsst ihr irgendeiner Norm entsprechen, müsst ihr euch anpassen, müsst ihr euch letztlich unterordnen.

Natürlich seid ihr soziale Wesen, die in einem sozialen Gefüge leben, in dem Einzelne hier und da zurücktreten müssen, um das soziale Gefüge nicht zu stören. Das heißt aber nicht, dass sie sich selbst verleugnen müssen, um in der Gesellschaft einen Platz haben zu können. Das heißt nicht, dass sie sich und ihre Eigenarten, das Individuelle, das sie auszeichnet und sie abhebt, sie unterscheidbar macht von den anderen, verleugnen müssen. Wann immer ihr das tut, gebt ihr eure Macht ab. Wann immer ihr das tut, verleugnet ihr euch und macht euch klein. Und euer Körper zeigt euch das. Er zeigt es euch in eurer Haltung, in eurer Art, die Dinge und Menschen zu betrachten, in eurer Art zu reden, in eurer Art, euch zurückzuhalten, um nicht unangenehm aufzufallen, um nur ja keinem die Gelegenheit zu geben, zu erkennen, dass ihr nicht perfekt seid. Denn da ihr euch selbst verurteilt dafür, nicht perfekt zu sein, erwartet ihr auch von den anderen, dass sie eure „Schwächen" verurteilen. Und so fühlt ihr euch mehr und mehr von allen anderen getrennt. Ihr selbst aber verursacht diese Trennung immer wieder selbst, indem ihr euch verurteilt, indem ihr andere verurteilt. Ein jedes Urteilen ist ein Trennen, ein Aufteilen in „richtig" und „falsch", in „gut" und „böse". Das aber sind letztlich Kategorien eures Verstandes. Euer Herz teilt nicht in richtig oder falsch, euer Herz trennt nicht, euer geöffnetes Herz nimmt alles so an, wie es ist. Es akzeptiert, was ist, es liebt, was ist, so, wie es ist, auch euch selbst.

Darum wendet euch euch selbst zu, immer wieder, nehmt euch Zeit, euch selbst zu ergründen, euch näher und tiefer kennen zu lernen, nicht, um euch zu verurteilen, sondern um mehr und mehr Anteile eurer selbst zu finden, die noch unentdeckt in euch schlummern, um euch mehr und mehr in Gänze zu erkennen, um mehr und mehr zu eurer Gesamtpersönlichkeit zu gelangen, der strahlenden Essenz eures Seins.

14   *Den Augenblick genießen*

Heute wollen wir uns dem Genuss zuwenden. Ja, dem Genuss. Ihr wollt lieber hart arbeiten? Warum? Warum wollt ihr euch nicht dem Genuss zuwenden? Meint ihr, ihr habt das nicht verdient? Noch nicht? Wann denn?

Wenn ihr genug geleistet habt? Genug gearbeitet habt? „Weit genug" gekommen seid?

Was ist das für ein Unsinn, den ihr zum Teil immer noch glaubt und lebt?

Wer sagt euch denn, dass ihr nicht genießen sollt? Wer außer euch selbst? Könnt ihr *einen* triftigen Grund nennen, warum ihr zum Beispiel nicht den ersten bewussten Atemzug am Morgen genießen solltet oder einen kräftigen Atemzug in der Natur an einem kristallklaren Morgen? Warum ihr euer Essen nicht genießen solltet? Jeden Bissen, jeden Schluck bewusst genießen solltet? Was hält euch davon ab, die Dinge eures Lebens zu genießen?

Wenn ihr denn schon meint, unbedingt etwas leisten zu müssen, so könntet ihr doch wenigstens eure Leistung, eure geleistete Arbeit wertschätzen und genießen.

Haltet einen Augenblick inne und überlegt, was ihr an einem normalen Tag so alles genießen könntet, wenn ihr es denn entscheiden würdet.

Ist es nicht so, dass ihr im Grunde jeden Augenblick eures Lebens genießen könntet, wenn ihr es denn wolltet, wenn ihr es euch zugestehen könntet? Jeden einzelnen Augenblick. Das Räkeln im Bett, den ersten Sonnenstrahl, das Geräusch des Regens, eure Lebendigkeit, das Dach über dem Kopf, das frische Wasser, den duftenden Kaffee. Jeden Augenblick gibt es Möglichkeiten, zu genießen, wenn ihr sie seht. Wenn ihr euch bewusst werdet, wie reich an wunderbaren Augenblicken euer Leben ist, letztlich eine Abfolge von wunderbaren, einzigartigen Augenblicken, jeder kostbar in sich selbst, einzigartig und kostbar – und flüchtig. Jeder Augenblick ist neu, ist anders, bringt euch Neues, Überraschendes, neue Möglichkeiten zu sein und zu leben, zu fühlen, zu denken und zu handeln.

Werdet euch dieser Tatsache mehr und mehr bewusst, erinnert euch immer öfter an die Einzigartigkeit eines jeden Augenblicks und genießt. Genießt ganz einfach, ganz bewusst, entscheidet euch ganz einfach dafür, zu genießen, immer wieder, immer wieder neu. Es ist so einfach, wenn ihr euch dafür entscheidet. Ihr müsst nicht gramgebeugt durch euer Leben gehen. Ihr könnt euch entscheiden für den Genuss, für die Freude an euch selbst und an eurem Leben. Und je mehr ihr genießen und euch freuen könnt, je mehr ihr für eure Freude und euren Genuss danken könnt, desto mehr Freude wird zu euch fließen und euren Genuss noch verstärken und erleichtern. Seht die Wunder dieser Welt, seht die Schönheit, die euch umgibt, überall. Erkennt sie, aus eurem Herzen, und freut euch daran aus eurem Herzen. Lasst euch berühren von der Schönheit und dem Reichtum der Welt. Hört auf, euch an eurem Jammer und euren Sorgen festzuklammern, euren Blick nur auf die Probleme dieser Welt zu richten. Erkennt an, was das Leben euch zu bieten hat. Ihr habt die Wahl, ihr entscheidet, wohin ihr euren Blick richtet, ihr ganz allein.

Nehmen wir wieder ein Beispiel zu Hilfe. Stellt euch vor, ihr sitzt im Wartezimmer eines Zahnarztes und habt Zahnschmerzen. Außerdem habt ihr Angst vor der Behandlung. Es könnte weh tun, es könnte sehr teuer werden, falls ein Zahnersatz fällig wird. Und überhaupt, ist es nicht schrecklich. Ihr greift zu einer bereitliegenden Zeitschrift und beginnt zu lesen, um euch ein wenig abzulenken. Und ihr lest von den Schwierigkeiten der Volkswirtschaft, den katastrophalen Zuständen im Bildungssystem, den Sorgen und Schmerzen von Prominenten – und leidet mit. Ist die Welt nicht schrecklich.

Während ihr da so sitzt und der Dinge harrt, die da kommen mögen, scheint die ganze Zeit die Sonne durchs Fenster, einige

Vögel sind sehr emsig am Werk, das erste Grün zeigt sich an dem Baum vor dem Fenster des Wartezimmers, ein Obstbaum steht bereits in voller Blüte. Wunder der Natur direkt vor euren Augen, und ihr seht sie nicht, ihr seid vergraben in eure Angst, euren Schmerz und das Unrecht der Welt. Gelegentlich seht ihr ungeduldig zur Uhr, ärgert euch über den „Zeitverlust", obwohl ihr die Behandlung nicht wirklich herbeisehnt, und manövriert euch in einen immer unangenehmeren Zustand. Wenn ihr endlich an der Reihe seid, seid ihr mit den Nerven schon fast am Ende und setzt euch mehr oder weniger verkrampft auf den Behandlungsstuhl. Und der arme Zahnarzt kann machen, was er will. Ihr habt euch bereits erfolgreich darauf eingestellt, dass es eine furchtbare Zeit wird, die ihr auf diesem Folterstuhl verbringen werdet, ausgeliefert und wehrlos.

Nun, was ist die Lösung? Es gibt keine Lösung, einfach so, wie eine Pille, die ihr schlucken könntet, um aller Probleme, Ängste und Schmerzen enthoben zu sein. Nein, es geht ganz schlicht und einfach darum, euch jeden Augenblick bewusst zu werden, euch darüber bewusst zu werden, wie ihr mit euch selbst umgeht, wie ihr euch selbst behandelt, wie ihr euch selbst programmiert in eurer Wahrnehmung eurer Welt und eurer „Probleme". Es geht immer wieder um die Entscheidung, wie ihr die Dinge sehen wollt, ob ihr euch zum armen Opfer dieser Welt machen wollt, ob ihr euch niedermacht oder ob ihr entscheidet, offen in einen neuen Augenblick zu gehen, ohne Vorurteile oder fertige Meinungen. In den meisten Fällen könnt ihr gar nicht wissen, wie die Dinge sich entwickeln werden. Also ist es müßig, sich den Kopf zu zerbrechen, sich Sorgen zu machen und sich in Horrorszenarien zu ergehen. Damit setzt ihr euch selbst permanent unter Stress und verbraucht unglaublich viel Energie, ganz abgesehen davon, dass es eurem körperlichen Befinden nicht zuträglich ist.

Stellt euch vor, ein „geklärter" Mensch geht zum Zahnarzt. Wie würde er im Wartezimmer sitzen? Nun, es gibt sicher nicht den Prototypen des „geklärten" Menschen, aber bestimmt wäre ein gewisser Grad an Bewusstheit und Unvoreingenommenheit der neuen Situation gegenüber vorhanden. Und ganz entscheidend wäre die Tatsache, dass es diesem „geklärten" Menschen leichter fallen würde, im Augenblick zu sein, ganz bewusst sich selbst und seine Umgebung wahrzunehmen, zu fühlen, ohne sich die Katastrophe bereits immer wieder und wieder im Kopf auszumalen, eine Katastrophe, die vielleicht gar nicht eintreten wird. Ihr verbringt so viel Lebenszeit mit imaginären Katastrophen: wenn ich meinen Job verliere, wenn ich mein Haus nicht verkaufen kann, wenn ich ... , wenn ich ... , wenn ich ... Und dabei vergesst ihr, zu genießen, was ihr habt, was euch zur Verfügung steht, was euch umgibt, wie zum Beispiel den in Blüte stehenden Obstbaum vor dem Fenster der Zahnarztpraxis.

Es geht nicht darum, dass ihr eure Angst verleugnet, es geht aber auch nicht darum, sie ständig zu füttern, sie aufzubauschen, sie riesengroß zu machen, bis sie euch erschlägt.

Es geht darum, das zu fühlen und wahrzunehmen, was sich gerade im Augenblick zeigt, das ist alles. Es ist so leicht und doch so schwer. Und es bedarf der Übung, immer wieder, immer wieder neu.

Beginnt mit eurem Atem, fühlt ihn, immer wieder, nehmt ihn wahr und genießt ihn, euer Lebenselixier, das euch in jedem Augenblick eures Lebens zur Verfügung steht. Atmet, fühlt und genießt, genießt die Tatsache, dass es keinen Mangel an Atemluft gibt, solange ihr lebt. Atmet und seid, im Augenblick, jeden Augenblick neu. Ihr seid unendlich geliebt.

15   *Sich der inneren Quelle öffnen*

Wie steht's mit eurem Genuss? Habt ihr begonnen, ein wenig bewusster zu genießen, euch all der Dinge bewusst zu werden, die euch zur Verfügung stehen? Den ganzen Reichtum eurer Welt? Und habt ihr bemerkt, wie sich die Freude zeigt, wenn ihr beginnt zu genießen? Freude und Genuss gehören zusammen. Wenn ihr von Herzen genießen könnt, könnt ihr euch auch von Herzen über den Genuss freuen. Wie oft aber gesteht ihr euch den Genuss und die Freude nicht zu? Da ihr von der Grundannahme ausgeht, dass ihr nicht perfekt seid und noch sehr viel zu lernen habt, um zumindest annähernd perfekt zu sein, habt ihr fast alle ein Glaubensmuster tief in euch versteckt, das es euch einfach nicht erlaubt, zu genießen und euch zu freuen: Wer sich freut, hat keine Verantwortung. Wer einfach genießt, ist sich des Ernstes des Lebens nicht bewusst. Wer genießt, ist egoistisch. Wer genießt, ist faul, usw., usw.

Das heißt, selbst wenn ihr beginnt, das zu sehen, was euch zur Verfügung steht, ist das mit dem Genießen nicht immer so einfach. Denn zum Genuss gehört auch eine gewisse innere Freiheit, die angenehmen Dinge des Lebens ohne schlechtes Gewissen oder unangenehmes Gefühl genießen zu können. Denn solange ihr meint, den Genuss nicht verdient zu haben, bleibt das mit dem Genießen so eine Sache. Dann versucht ihr mehr oder weniger unbewusst, den Genuss zu vermeiden, dann erfindet ihr immer neue Aufgaben, die noch unbedingt zu erledigen sind, Projekte, die noch unbedingt abgeschlossen sein müssen, ein Lebensstandard, der noch unbedingt erreicht werden muss, um euch endlich die Möglichkeit zu geben, wirklich genießen zu können. Und so schiebt ihr den Genus und die Freude über euch und euer Leben, über all das, was ihr bereits erreicht habt, gelernt habt, vor euch her und lauft Gefahr, niemals die Früchte eures Lebens wirklich genießen zu können, euch niemals wirklich selbst anzuerkennen für all das, was ihr bereits geleistet habt.

Solange ihr die Anerkennung durch die anderen als Hürde vor euren Genuss stellt, solange wird euch wirklicher Genuss versagt bleiben. Denn wie wir bereits gesehen haben, geht es darum, euch selbst anzuerkennen, euch selbst mit Güte und Liebe zu betrachten, eure Talente und Begabungen anzuerkennen und euch daran zu erfreuen. Es geht darum, mehr und mehr anzuerkennen, dass ihr selbst es seid, die sich den Genuss zugestehen oder nicht, die sich die Anerkennung zugestehen oder nicht, die sich die Freude zugestehen oder nicht. Wie oft hat man versucht, euch eine Freude zu machen? Und wie oft ist es euren Mitmenschen gelungen, euch wirklich tief im Herzen zu erfreuen? Wie oft habt ihr etwas geschenkt bekommen, um es zu genießen und wie oft habt ihr es wirklich genossen? Erst wenn ihr vollkommen bereit seid, euch euren eigenen Genus zuzugestehen, könnt ihr wirklich genießen. Erst wenn ihr aufhört, anderen gefallen zu wollen, sie beeindrucken zu wollen, ihnen etwas vorzuspielen, was ihr gar nicht seid, erst wenn ihr einfach seid so wie ihr seid, könnt ihr euch genug entspannen, um wirklich genießen zu können. Wenn ihr doch nur annehmen könntet, dass ihr geliebt seid, so wie ihr seid, allezeit. Dann würde euch der Genuss leicht fallen, dann könntet ihr eure Freude über dieses wertvolle Leben in vollen Zügen genießen.

Und hier sind wir bei dem eigentlich Wichtigen angelangt: Es geht um eure Fähigkeit zu empfangen, um eure Empfangsbereitschaft.

Ihr fragt so oft in eurem Leben, was ihr tun sollt, was ihr tun könnt. Und ihr tragt den göttlichen Willen in euch. Er wirkt in euch allezeit. Je mehr ihr in der Lage seid, euch diesem göttlichen Willen in euch zu öffnen, desto klarer erscheint euer selbstgewählter Weg vor euch, desto leichter fallen euch eure Entscheidungen, und desto freudvoller kann euer Leben werden. Je mehr ihr euch dem göttlichen Willen in euch öffnen könnt, desto klarer werden die Antworten sein, die ihr auf eure

Fragen erhaltet, aber eben nicht von außen, sondern von innen, aus eurer eigenen Quelle. Ihr alle tragt diese Quelle in euch, ihr alle seid aus dieser einen Quelle, und ihr alle werdet wieder in diese Quelle zurückkehren. Öffnet euch mehr und mehr dieser Quelle in euch. Wie? Ihr wisst es bereits. Ihr braucht nur zu lauschen, nur bereit zu sein, eure Bereitschaft zu signalisieren, und ihr werdet dieser inneren Stimme immer näher kommen, ein jeder auf seine Art. Und dann werdet ihr genießen können, immer mehr, immer intensiver, ihr werdet euch an euch selbst und an euren Fähigkeiten immer mehr erfreuen können, ohne die Angst, von anderen bewertet oder verurteilt zu werden. Dann seid ihr in der wahren Freude, im wahren Genuss, in der Fülle des Lebens, dieses so reichen Lebens.

Darum öffnet euch, seid bereit für die innere Stimme, seid bereit für eure Bestimmung, seid bereit, eure wirkliche Größe zu erfahren, seid bereit, euch selbst in all eurer Größe und Herrlichkeit zu erfahren. Seid bereit für euch selbst.

16   *Die Wunder erleben*

Nun, lieber Leser, wie verhält es sich mit deinem Verhältnis zu Wundern? Hältst du sie für möglich? Oder tust sie als Unsinn ab?

Überlege einmal einen Augenblick, welche Wunder du bereits in deinem Leben erlebt hast.

Wo bist du wundersam aus einer Gefahr errettet worden? Wo scheinst du gleich mehrere Schutzengel gehabt zu haben? Wo haben sich Dinge in deinem Leben wunderbar gefügt, viel besser, als du je zu hoffen wagtest? Wo sind Dinge eingetreten, die nach menschlichem Ermessen niemals hätten eintreten dürfen, und dennoch sind sie in deinem Leben geschehen?

Hast du diese Dinge je als Wunder betrachtet oder hast du versucht, sie mit deinem sogenannten gesunden Menschenverstand zu erklären, einzuordnen, sie damit erklärbar und auf eine gewisse Weise auch kontrollierbar zu machen?

Warum müsst ihr immer einordnen, erklären? Warum könnt ihr nicht einfach danken, einfach von Herzen danken, ohne gleich verstehen zu müssen? Hast du dich das schon einmal gefragt?

Überlege einmal, wie du mit deinen Erwartungen umgehst. Wie verhält es sich, wenn du ein bestimmtes Ereignis erwartest? Vermutlich hast du eine ganz bestimmte Vorstellung davon, wie das Ereignis eintreten soll. Vermutlich hast du sogar eine sehr genaue Vorstellung davon, was genau passieren soll. Ist dir schon einmal bewusst geworden, wie sehr du damit deine Wirklichkeit begrenzt? Wie sehr du dich in deinen Möglichkeiten einschränkst?

Das Universum hat buchstäblich unbegrenzte Möglichkeiten, aber du beschränkst dich auf eine oder vielleicht zwei, im Höchstfall vielleicht drei verschiedene Möglichkeiten. Wie sollen dann Wunder in deinem Leben geschehen?

Nehmen wir wieder ein Beispiel zu Hilfe. Stellen wir uns ein Liebespaar vor. Er hat ihr einen Blumenstrauß gekauft, um ihr eine Freude zu machen. Rote Rosen, einen wunderbaren Strauß, der nicht ganz billig war. Voller Vorfreude macht er sich auf den Weg zu seiner Geliebten. Die erwartet ihn bereits ungeduldig. Sie begrüßen sich inniglich und er überreicht ihr die Rosen. Wie reagiert sie?

Freut sie sich ganz einfach über die Aufmerksamkeit? Darüber, dass er ihr eine Freude machen wollte? Offensichtlich stimmt etwas nicht. Er merkt es deutlich, obwohl sie sich bei ihm für die Rosen bedankt. Er beginnt sich zu fragen, ob er etwas falsch gemacht hat und fragt sie, ob sie keine Rosen mag. Sie beteuert ihm, dass sie sehr wohl Rosen mag, wenn sie auch manchmal ganz schön stachelig sind. Aber irgendetwas scheint immer noch nicht zu stimmen. Vielleicht mag sie die Farbe nicht? Doch sie beteuert, dass sie die Rosen sehr schön findet.

Was ist passiert? Was er nicht mehr weiß, ist die Tatsache, dass sie ihm vor ein paar Tagen gesagt hat, dass *Freesien* ihre Lieblingsblumen sind, da sie so wunderbar duften. Und in ihrer Vorstellung muss ein perfekter Liebhaber, jemand, der sie wirklich liebt, daran denken, dass ihre Lieblingsblumen eben *nicht* Rosen sind. Wenn er sie wirklich lieben würde, dann hätte er ihrer Aussage Beachtung geschenkt und nicht einfach Rosen gekauft. Offensichtlich hat er ihr nicht einmal richtig zugehört. Also kann er es ja nicht ganz ernst mit ihr meinen. Denn wenn sie ihm wirklich wichtig wäre, hätte er erstens richtig zugehört und ihr zweitens ihre Lieblingsblumen gekauft.

Ihre feste Vorstellung, wie jemand sich verhalten sollte, der sie „wirklich liebt", macht es ihr unmöglich zu sehen, wie sehr er sie liebt und wie sehr er ihr einfach nur eine Freude machen wollte. Sie verschließt sich vor dem Zauber der Liebe, dem Zauber der offenen Begegnung ohne Erwartung aneinander.

Erst wenn zwei Menschen völlig offen aufeinander zugehen können, ohne festgefügte Erwartung, wie der andere sich verhalten sollte, wie er reagieren sollte, kann das Wunder der Begegnung in gegenseitiger Akzeptanz geschehen. Und damit eröffnen sich alle Möglichkeiten für das, was zwischen diesen beiden

Menschen mit ihrem jeweils einzigartigen Potenzial geschehen kann. Dann ist Begegnung ohne Begrenzung möglich, ohne Beschränkung. Wenn jeder in seiner ganzen Vielfalt sein kann, immer wieder neu sein kann, ohne auf bestimmte Rollen festgelegt zu sein oder festgelegt zu werden, kann die Magie in dieser Beziehung zum Tragen kommen. Und dann sind Wunder möglich, Wunder der Heilung, der tiefen Begegnung, sozusagen auf dem Herzensgrund.

Was aber passiert, wenn *sie* – wie in unserem Beispiel – nicht in der Lage ist, offen auf ihn zuzugehen, von ihren festgefügten Erwartungen abzusehen? Sie wird „enttäuscht" sein, sie wird meinen, dass sie sich in ihm getäuscht habe, sie wird das Wunder der großen Liebe auf seiner Seite gar nicht annehmen können, denn sie wird ihr Herz verschließen aus Angst vor weiterer Verletzung. Vermutlich wird sie ihm zwar noch oberflächlich freundlich gegenübertreten, aber eine wirklich Begegnung auf der Herzensebene wird nicht mehr stattfinden können, bis sie ihr Herz wieder öffnet. Solange aber der Zweifel an seiner Liebe in ihr nagt, wird ihr das sehr schwer fallen. Sie verschließt sich vor all den Wundern, die in dieser Beziehung möglich wären.

Wie oft verschließt ihr euch selbst vor den Wundern eures Lebens, weil ihr bestimmte Erwartungen hegt, wie die Dinge auszusehen haben, wie andere Menschen sich verhalten sollten, wie viel Geld euch zufließen könnte? Wie oft verschließt ihr euch vor euren eigenen Wundern, weil ihr meint, nichts Wertvolles zu bieten zu haben, keine Talente zu haben, nichts wert zu sein? Betrachtet euch doch einmal selbst, euren Körper, dieses Wunderwerk, die Tatsache, dass ihr sprechen könnt, sehen, laufen, hören, handeln, denken, empfinden, fühlen könnt. Ist nicht alles, was euch in eurem Körper möglich ist, einem Wunder gleichzusetzen? Ihr seid ein einzigartiges Wunderwerk, geschaffen mit unzähligen Möglichkeiten, und was macht ihr? Ihr beschränkt euch auf fast allen Ebenen. Beginnt einmal, das Wunderwerk eures Körpers bewusst wahrzunehmen, zu danken für all seine Funktionen, für all die Möglichkeiten, die euch euer Körper bietet. Und beginnt einmal, euch vorzustellen, wie ihr am Ozean der unbegrenzten Möglichkeiten steht, und wie ihr eintauchen könnt in diesen Ozean, wie ihr euch frei in ihm bewegen könnt, jeden Augenblick neu. Stellt euch vor, dass euch in diesem Ozean unbegrenzte Bewegungsmöglichkeiten offen stehen, wie ihr jeden Augenblick eine neue Wahl treffen könnt, welchen Möglichkeiten ihr euch zuwenden wollt, in dem Bewusstsein, dass euch in jedem Augenblick alle Möglichkeiten offen stehen, wenn ihr es denn zulasst. Ihr könnt euch auch in diesem Ozean treiben lassen und die Möglichkeiten ganz einfach auf euch zukommen lassen, um euch dann zu entscheiden, welche Möglichkeiten ihr wählen wollt. Ihr müsst nur eure Augen offen halten, um die Möglichkeiten auch zu sehen, sie wahrnehmen zu können. Wenn ihr die Augen verschließt, befindet ihr euch mitten im Ozean aller Möglichkeiten, ohne sie zu sehen. Dann treiben sie an euch vorbei, eine nach der anderen, während ihr meint, nur die eine Möglichkeit der Dunkelheit zu haben. Dabei müsst ihr nur eure Augen öffnen, um die Möglichkeiten und die Wunder sehen zu können und erleben zu können, sie zu eurer eigenen Wirklichkeit zu machen. Ihr selbst entscheidet in jedem Augenblick, welche Möglichkeiten ihr sehen wollt, welche Wunder ihr zulassen wollt, ob ihr mit oder ohne Begrenzungen durchs Leben geht. Dem Universum stehen unendliche Möglichkeiten zur Verfügung, euch zu versorgen, wenn ihr es denn zulasst.

17   *Neue Entscheidungen wagen*

Bleiben wir noch ein wenig bei den Wundern in eurem Leben. Sehen wir uns einmal an, wie dieses Wunderwerk, das euer Körper ist, entsteht. Wie ihr wisst, entsteht neues Leben aus einer Eizelle und einer Samenzelle, die miteinander verschmelzen, um zu einem neuen Lebewesen zu werden. Ist es nicht ein einziges Wunderwerk im wahrsten Sinne des Wortes, dass diese beiden Fortpflanzungszellen sich vereinigen und sich dann nach einem bestimmten Plan wohlgeordnet teilen, sich weiter und weiter teilen und zu einem neuen perfekten Körper heranwachsen? Wer steuert dieses Wachstum? Wie weiß die Zelle, wie sie sich zu teilen hat, um diesen perfekten Körper erstehen zu lassen? Genetiker werden sagen, dass die Informationen alle im Zellkern vorhanden sind und zur rechten Zeit abgelesen werden. Aber wer liest sie ab? Wer entscheidet, welche Informationen wann abgelesen werden? Diese Fragen harren noch ihrer Beantwortung. Kein Biologe, kein Mediziner, kein Wissenschaftler kann heute eine zufriedenstellende Antwort auf diese Fragen geben, solange er sich auf rein materiellem Grund befindet, solange er davon ausgeht, dass die Informationen nur in den Genen stecken. Erst wenn ihr eure Sichtweise erweitert, erst wenn ihr zulasst, dass es auch noch andere Komponenten als die Materie gibt, werdet ihr einer Antwort näher kommen. Erst wenn ihr Möglichkeiten, die euch heute wie ein Wunder erscheinen, in Erwägung zieht, wird das Rätsel sich lösen, Schritt für Schritt, jeweils so weit, wie ihr in der Lage seid, „unwissenschaftliche" Lösungen zu akzeptieren.

Das Gleiche gilt für die Möglichkeiten in eurem täglichen Leben. Solange ihr euch festlegt auf das, was nach euren bisherigen Erfahrungen, Überzeugungen und Glaubenssätzen möglich ist, werdet ihr nur sehr wenige Möglichkeiten ausschöpfen können.

Nehmen wir wieder ein Beispiel zu Hilfe. Nehmen wir an, ihr befindet euch in einer Arbeitssituation, die euch nur bedingt befriedigt. Ihr habt zwar eine recht sichere Arbeitsstelle, und das wisst ihr auch zu schätzen, aber ihr fühlt euch eingeengt. Ihr spürt immer deutlicher, dass ihr in vielen Bereichen euren Möglichkeiten nicht gerecht werden könnt, dass ihr eures wahres Potenzial in diesem Bereich nicht wirklich leben, nicht wirklich zum Ausdruck bringen könnt. Immer deutlicher empfindet ihr die Beschränkungen, aber was könnt ihr tun, wenn ihr die sichere Arbeitsstelle nicht aufs Spiel setzen wollt? Welche Gedanken zeigen sich bei dieser Frage, welche Ängste werden aktiviert? Welche festen Überzeugungen, „wie die Dinge sind" halten euch von weiteren Überlegungen und erst recht von weiteren Schritten ab? Erlaubt ihr euch, gedanklich weiterzugehen, zum Beispiel darüber Überlegungen anzustellen, den Job zu kündigen, ohne eine andere Arbeitsstelle gefunden zu haben? Gestattet ihr euch Überlegungen, ganz von vorn anzufangen, ohne Garantie auf einen „erfolgreichen" Ausgang? Gestattet ihr euch die Möglichkeit, durch das Loslassen der alten Sicherheiten neue Erfüllung zu finden? Spürt einmal, wie ihr reagiert, welche Gefühle, welche Körperreaktionen sich zeigen, wie sich zum Beispiel euer Atem verändert. Wo zeigt sich Angst? Wo beginnen Vermeidungsreaktionen, indem ihr zum Beispiel plötzlich schneller lesen wollt, um über diese unangenehmen Fragen schneller hinwegzukommen, wenn sie denn unangenehm sind? Je unangenehmer sie euch erscheinen, desto mehr betreffen sie euch und eure momentane Situation.

Aber diese Fragen gelten nicht nur für Arbeitsverhältnisse, die euch einengen, sie gelten genauso für zwischenmenschliche Beziehungen, für Wohnsituationen, für jede Art von Moralverträgen, die ihr eingegangen seid, um bestimmte Dinge zu erreichen, bestimmte Annehmlichkeiten zu erkaufen. Wo lasst ihr euch binden durch alte Verträge und wagt es nicht, zu euch selbst zu stehen? Wo verleugnet ihr euch, eure Kraft, euer Potenzial, eure Möglichkeiten? Wenn ihr wirklich in eure Kraft kommen wollt, wenn ihr wirklich euer Potenzial leben wollt, gibt es keine andere Möglichkeit, als sich ehrlich und aufrichtig diese Fragen zu stellen und sie ehrlich und aufrichtig zu beantworten.

Haltet einmal inne und stellt euch diesen Fragen ganz in Ruhe, ohne euch zu verurteilen, ohne euch anzutreiben. Stellt euch diese Fragen, um sie ganz in Ruhe beantworten zu können. Und dann erst könnt ihr entscheiden, was ihr tun wollt. Dann erst könnt ihr darüber befinden, was ihr vorzieht, die alte Sicherheit oder eine neue Freiheit, die aber zunächst scheinbar eine gehörige Portion Unsicherheit nach sich zieht. Denn wann immer ihr euch entscheidet, etwas in eurem Leben zu verändern, wird sich eure Umgebung unweigerlich auch verändern. Da alles miteinander verbunden ist, wirkt sich jede Veränderung auch auf das Ganze aus.

Solange ihr aber aus Angst, aufgrund von alten Überzeugungen, von festgefügten Ansichten euch nicht wirklich bestimmten Fragen stellt, habt ihr gar nicht die Möglichkeit, euch frei zu entscheiden. Bedenkt einmal, dass nur *ihr* in eurem Leben entscheiden könnt, ob ihr im alten Stile weitermacht, oder ob ihr etwas verändern wollt. Niemand kann das für euch tun. Vielleicht erscheint es euch oft so, wenn Arbeitgeber euch bestimmte Arbeitsbedingungen aufzudrücken scheinen. Sie können euch diese Bedingungen aber nur aufdrücken, wenn ihr damit einverstanden seid, das heißt, wenn ihr euch entscheidet, diese Bedingungen zu schlucken, denn dann seid ihr einverstanden, weil ihr euch bestimmte Vorzüge davon versprecht. Ihr könntet aber genauso gut entscheiden, dass ihr mit den Bedingungen nicht mehr einverstanden seid und euch für etwas anderes entscheiden. Die Wahl habt immer ihr, wenn ihr das auch oft nicht wahrhaben wollt. Wenn ihr meint, keine Wahl mehr zu haben, nichts mehr tun zu können, werdet ihr automatisch zum Opfer eurer Welt. Ihr seid aber nun mal keine Opfer! Ihr seid freie Wesen, die sich in jedem neuen Augenblick neu entscheiden können, die nicht immer wieder die alten Wege beschreiten müssen. Die Wahl habt ihr! Nur ihr allein! Ihr entscheidet, immer wieder neu. Jede Entscheidung für etwas ist eine Entscheidung gegen etwas anderes. Euer ganzes Leben besteht aus Entscheidungen, jeden Augenblick neu. Das *ist* ganz einfach so, ob es euch bewusst ist oder nicht. Und darin liegt das Wunder eurer Existenz! Ihr könnt euch jeden Augenblick für etwas Neues entscheiden oder auch nicht. Ihr könnt genauso gut beim Alten bleiben, die gleichen Entscheidungen treffen wie bisher. Die Entscheidung liegt ganz bei euch. Mit jeder neuen Entscheidung aber lotet ihr neue Möglichkeiten aus. Mit jeder neuen Entscheidung öffnet ihr euch neuen Möglichkeiten, die das Universum jederzeit für euch bereithält. Und mit jeder neuen Entscheidung können neue Wunder in eurem Leben geschehen, ganz von selbst. Ihr glaubt es nicht? Dann probiert es aus. Wagt neue Entscheidungen, wagt neue Wege, neue Sichtweisen, neue Erfahrungen, lasst euch auf Neues ein. Lasst Altes los, lasst alte Sicherheiten los und ihr werdet euer Leben auf einem neuen Grund bauen können, der viel sicherer ist als der alte.

So paradox es auch erscheinen mag: Je mehr ihr loslassen könnt, desto mehr kann zu euch gelangen, ohne Anstrengung, ohne Mühe, ohne Qual, vor allem aber ohne Selbstverleugnung.

Je mehr ihr euch hingeben könnt an die innere Stimme, an eure eigene Führung in euch selbst, je mehr ihr euch einlassen könnt auf euch selbst, auf euer Potenzial, desto freier und desto sicherer wird euer Leben sein. Doch müsst ihr euch schon selbst auf den Weg begeben, ganz in Ruhe, in eurer Zeit, in eurem eigenen Tempo. Niemand treibt euch, nur ihr selbst bestimmt das Tempo, nur ihr selbst bestimmt die Richtung. Nur ihr selbst entscheidet.

18 *Die alten Wunden heilen*

Nehmen wir einmal an, ihr sitzt zu Hause, habt einen Augenblick Zeit, nichts treibt euch, nichts Dringendes steht an. Eure Gedanken treiben von einem Thema zum nächsten, ohne bestimmtes Ziel. Plötzlich schießt euch ein neuer Gedanke durch den Kopf. Ihr könntet doch einmal in die Zeitung schauen, nur mal so. Ihr nehmt die Zeitung, blättert und – als wenn ihr ganz gezielt suchen würdet – seht ihr euch eine bestimmte Seite genauer an. Und da fällt euer Blick auf eine Information, eine Annonce zum Beispiel. Und irgendetwas in euch weiß: Das ist für euch.

Nun kann man sich fragen, was euch veranlasst hat, die Zeitung aufzuschlagen und euch diese bestimmte Seite genauer anzusehen, um diese bestimmte Information zu finden. Aber darum geht es uns im Augenblick nicht. Es geht uns mehr um die Tatsache, dass irgendetwas in euch weiß, dass die gefundene Information für euch bestimmt war oder ist.

Gehen wir noch einmal zu dem in Kapitel 17 Erwähnten zurück, dass ihr nämlich jede Sekunde eures Lebens Entscheidungen trefft. Nun verhält es sich nicht nur so, dass ihr in eurem bewussten Wachzustand Entscheidungen trefft. Auch auf „verborgenen" Ebenen trefft ihr Entscheidungen. Man könnte auch sagen, eure Essenz, das, was euch ausmacht, das, was immer von euch bleibt, trifft die Entscheidungen in Übereinstimmung mit dem großen Ganzen bzw. mit eurem Lebensplan. Das heißt aber auch, dass ihr davon ausgehen könnt, dass das, was euch ausmacht, euch sozusagen immer wieder Hinweise in eurem Leben gibt, euch sozusagen daran erinnert, was ihr euch an Erfahrungen für dieses Leben gewählt habt. Das heißt nun wiederum, dass in eurem Leben immer wieder Hinweise oder Impulse scheinbar von außen auf euch zukommen, die euch veranlassen, in eine bestimmte Richtung zu gehen. Allerdings habt ihr immer im Wachzustand die Möglichkeit, euch gegen diese Impulse zu entscheiden. Denn ihr habt ja einen freien Willen und damit die freie Wahl, was ihr tut und was nicht, und zwar in jedem Augenblick eures Lebens.

Nun verhält es sich aber so, dass ihr euch für dieses Leben bestimmte Erfahrungen gewählt habt, um bestimmte Heilungs- und Gesundungsschritte vollziehen zu können. Das heißt, wenn ihr den Impulsen eurer Seele Folge leistet, habt ihr die Möglichkeit, am effektivsten an die selbstgewählten Schritte, Erfahrungen und Lernaufgaben zu gelangen. Das kann aber auch heißen, dass ihr euch für sehr intensive Erfahrungen auf der Gefühlsebene entschieden habt, mit denen ihr im Wachzustand gar nicht recht einverstanden seid, da sie sich recht unangenehm gestalten können. Denn wenn ihr durch eure Erfahrungen in diesem Leben an alte tiefe Schmerzen und Verletzungen gelangt, so kann das schon eure ganze bewusste Aufmerksamkeit verlangen, um dem alten Schmerz begegnen zu können und die Möglichkeit nutzen zu können, auf diesem Gebiet Heilung zu erfahren. Allerdings gibt es kein *Muss* in dieser Hinsicht. Wenn euch die ganze Sache zu heftig erscheint, so habt ihr die freie Wahl, euch nicht auf die wirklich tiefen Schichten einzulassen und den Heilungsprozess sozusagen zu vertagen. Irgendwann ergibt sich dann eine neue Gelegenheit, sich dem alten Schmerz zu stellen. Allerdings solltet ihr eins beachten: Sich alten Gefühlen zu stellen, kann zwar sehr schmerzhaft sein, muss es aber nicht sein. Vor allem solltet ihr euch davor hüten, euch in altem Schmerz zu suhlen. Es geht nur darum, sich zu stellen, den Schmerz zuzulassen, ihn ganz zu fühlen, ihn anzunehmen, damit er sein darf, aber nicht unnötig daran festzuhalten und unnötig zu leiden. Manche von euch meinen, damit alte Schuld abtragen zu können. Das ist – gelinde gesagt – Unsinn. Damit leidet ihr völlig unnötig, denn da es nur um Erfahrungen geht, und nicht um richtig oder falsch, kann es auch keine Fehler geben und damit auch keine Schuld. Es geht nur um Erfahrungen und um Heilung von alten Wunden, nicht um Sühne und Abtrag alter Schulden. Und dieses ist ganz wichtig. Verschwendet nicht eure Zeit mit der irrigen Annahme, dass ihr irgendjemandem irgendetwas Gutes tut, indem ihr freiwillig leidet und euch beschuldigt. Das nützt niemandem etwas. Das bringt euch nur eine unangenehme Zeit, und das ist alles.

Viel sinnvoller und damit auch leichter ist es für euch, euch zwar den alten Gefühlen in euch zu stellen, sie aber nicht breitzutreten, sondern sie ganz bewusst zu fühlen in dem tiefen Vertrauen, dass euch nur die Dosis zugemutet wird, die ihr auch ertragen könnt. Und wenn ihr darauf vertrauen könnt, dass ihr gleichzeitig Heilung erfahrt, dann könnt ihr für jede Gelegenheit dieser Art ganz einfach danken. Und je mehr ihr danken könnt, desto mehr Grund werdet ihr finden zum Danken, denn mit jedem Dank werden Kräfte aktiviert, die es den euch begleitenden Engeln und Lichtwesen ermöglichen, euch noch mehr und noch besser mit all dem zu versorgen, was ihr benötigt, um ein erfülltes und glückliches Leben zu führen. Und das ist letztlich eure Bestimmung: ein Leben in Freude und Leichtigkeit, in Fülle und Zufriedenheit, verbunden mit dem großen Ganzen. Hört auf, euch zu kasteien, hört auf, euch zu beschweren, hört auf, euch das Leben zur Hölle zu machen mit all euren Ansprüchen an euch selbst, mit all euren Glaubenssätzen und selbst auferlegten Beschränkungen! Lebt euer Leben, jeden Tag neu, dankt für alles, was euch widerfährt, dankt und genießt, was das Leben euch zu bieten hat, in jedem Augenblick neu. Seid gesegnet.

19   *Den gedachten Schmerz erkennen*

Nehmen wir noch einmal an, dass ihr zu Hause sitzt und nichts Bestimmtes vorhabt. Ihr beginnt zu sinnieren, über euch, über euer Leben, über eure momentane Situation. Ihr geht Erlebnisse und Erfahrungen der letzten Zeit gedanklich noch einmal durch. Was fühlt ihr dabei? Nun gut, eure Gefühle sind abhängig vom dem, was ihr erlebt habt. Wenn ihr zum Beispiel eine freudige Überraschung erlebt habt und noch einmal daran denkt, fühlt ihr noch einmal das Gefühl, das die Überraschung in euch ausgelöst hat. Wenn ihr zum Beispiel einen Verlust in eurem Leben erlitten habt, so fühlt ihr noch einmal die Trauer und den Schmerz, die der Verlust in euch ausgelöst hat. Wie aber geht es dann in euch weiter? Bei welchem Gefühl verweilt ihr länger? Dem Gefühl der Freude oder dem Gefühl der Trauer? Welche Tendenz habt ihr?

Was macht euer Verstand? Welche Gedanken denkt ihr im Zusammenhang mit Freude oder Trauer? Ist es nicht so, dass das Gefühl der Freude nur kurz in euch anhält, ihr es nur kurz fühlt, während ihr die Tendenz habt, an Unangenehmem länger festzuhalten, euch zu bedauern als armes Opfer? Warum ist das so?

Was vielen von euch nicht bewusst ist, ist folgendes:

Es gibt in jedem von euch noch alten, unerlösten Schmerz, der geheilt werden möchte. Daher sucht ihr euch Situationen in eurem Leben, die es euch ermöglichen, an diesen ungeheilten alten Schmerz heranzukommen, ihn fühlen zu können, um ihn heilen zu können. Nun verhält es sich aber so, dass ihr Schmerz zunächst einmal nicht fühlen wollt, er gehört für euch zu den „schlechten" Gefühlen, den unangenehmen, die ihr gern verdrängt. Und dennoch wird der Schmerz sich Gelegenheiten suchen, sich euch bemerkbar, fühlbar zu machen, so sehr ihr ihn auch zu verdrängen sucht. Denn erst, wenn ihr euch dem alten Schmerz zuwendet, ihn ganz annehmt, ihn ganz fühlt, ihn ganz sein lassen könnt, kann er gehen, kann er geheilter, integrierter Teil von euch werden.

Nun gilt es aber, einen Unterschied kennen zu lernen, und zwar den Unterschied zwischen gefühltem Schmerz und gedachtem Schmerz.

Der wirklich gefühlte Schmerz, oder besser der alte Schmerz, der in euch noch der Auflösung harrt, ist ein „echter" Schmerz. Er ist wirklich noch in euch vorhanden, sozusagen eingraviert in euren Körper, in das Gedächtnis einer jeden Zelle in eurem Körper. Nun, dieser Schmerz muss gefühlt werden, um ihn zu heilen. Da geht kein Weg dran vorbei. Das ist einfach so. Wenn nicht heute, dann später, wann immer ihr dazu bereit seid. Das entscheidet ihr.

Nur gibt es einen Haken an der ganzen Sache, an dem viele von euch festhängen, mal mehr, mal weniger. Denn neben dem „echten" Schmerz gibt es auch noch den gedachten Schmerz, der nur in euren Gedanken existiert, nicht aber in eurem Körper, und der damit gar nicht gefühlt werden muss, da er nur erdacht ist.

Was heißt das? Nehmen wir wieder ein Beispiel zu Hilfe.

Nehmen wir an, ihr habt euch einer alten Angst gestellt, der Angst, vor anderen Leuten den Mund aufzumachen. Ihr habt ganz bewusst in euch hineingespürt, habt den „energetischen Knoten" in eurem Solar Plexus in der Magengegend gespürt, ohne dem Schmerz auszuweichen, und die alte Angst hat sich dadurch auflösen können. Nun sollt ihr vor einigen Leuten eine kleine Rede halten, und der Gedanke behagt euch gar nicht so recht. Und hier liegt der Haken: Die alte Angst, vor Menschen den Mund aufzumachen, ist noch in eurem Verstand gespeichert, nicht aber in euren Zellen. Das heißt, euer Verstand denkt noch in alten Bahnen, in alten Gewohnheiten und hat noch gar nicht begriffen, dass ihr die alte Angst aufgelöst habt. Er denkt noch in seinen alten Schleifen und damit denkt er sich das alte Gefühl wieder herbei, obwohl das gar nicht nötig wäre. Und ihr leidet unnötig, denn ihr denkt ja nur, dass ihr leiden müsst und haltet euch an das, was euer Verstand euch aus alter Gewohnheit vorgibt. Wenn ihr den Unterschied herausfinden wollt, so braucht ihr nur eins zu tun. Ihr braucht nur eure Angst zu bitten, sich euch zu zeigen, sie einzuladen, sich euch fühlbar zu machen, und ihr werdet sie fühlen, wenn sie wirklich noch in euch, in euren Zellen existiert. Wenn ihr sie aber bereits aufgelöst habt, wird sich nichts mehr zeigen außer vielleicht der Freude, die ihr spürt, wenn euch klar wird, dass ihr eine alte Angst besiegt habt, dass ihr ein Stück freier geworden seid.

Wie ihr seht, ist es unerlässlich, immer wieder zu überprüfen, ob ihr leidet, weil ihr noch alten Schmerz fühlen und auflösen dürft, oder ob ihr euch euer Leiden unnötig wieder heranholt, ob ihr euch sozusagen in hausgemachtem Leiden ergeht. Je bewusster ihr in euch fühlt, desto eher können alte Knoten in euch aufgelöst werden, und desto eher kommt ihr den eingefahrenen, überholten Denkschleifen eures Verstandes auf die Schliche. Und dann stellt sich immer mehr Freiheit in euch ein, Freiheit von alten Mustern und Programmen, die euch jahrelang gegängelt haben. Es braucht nur euren Mut, euer „Ich bin bereit", eure Entscheidung, die Dinge in Angriff zu nehmen, die euch noch in eurem Leben behindern, euer volles Potenzial zu leben. Es wartet so viel auf euch, so viel Freude, so viel Leichtigkeit, denn das ist eure Bestimmung. Worauf wartet ihr noch? Die Entscheidung könnt nur ihr selbst treffen, niemand außer euch selbst.

20   *Die Verantwortung übernehmen*

Lassen wir das noch einmal Revue passieren:

Das Leben, das du lebst, ist ein von dir gewähltes, ein von dir bestimmtes. Und du bestimmst es in jedem Augenblick neu. Und du entscheidest in jedem Augenblick neu, wie du es handhabst, wie du es „handelst", ob mit Leichtigkeit oder nicht. Du bestimmst, was du dir zugestehst, was du annimmst in deinem Leben von deinem Leben, von all deinen Möglichkeiten und Gelegenheiten. Du allein, in jedem neuen Augenblick.

Und damit sind wir wieder bei der Eigenverantwortung.

Du weißt inzwischen, dass du allein verantwortlich bist für jedes Gefühl, das du fühlst, für jeden Gedanken, den du denkst, für jeden Zweifel, den du hegst. Du allein. Das ist zunächst einmal unbequem, denn es nimmt dir die Möglichkeit, andere für die „Schwierigkeiten" in deinem Leben verantwortlich zu machen. Es ruft dich auf, keine Projektionen mehr auf andere zu werfen, um dich von dir und deinen Gefühlen, deinen Verletzungen und deiner Verantwortung abzulenken.

Das Problem ist, dass ihr Verantwortung gleichsetzt mit einer schweren Last, die ihr meint, tragen zu müssen. Doch das ist es nicht. Im Gegenteil, es ist Freiheit, allein für sich selbst verantwortlich zu sein, die ganze Verantwortung für sich und sein Leben zu übernehmen. Denn damit löst ihr euch aus allen anderen Verstrickungen, allen anderen Moralverträgen, allen anderen Abhängigkeiten. Denn wenn ihr nur für euch selbst und eure Gedanken, Gefühle und Taten verantwortlich seid, müsst ihr euch nicht mehr an Erwartungen halten, die man an euch heranträgt oder herangetragen hat und die ihr stets – bewusst oder unbewusst – versucht habt, zu erfüllen.

Nehmen wir wieder ein Beispiel zu Hilfe:

Nehmen wir an, ihr lebt in einer Beziehung, in der es in der letzten Zeit immer mal wieder kriselt. Ihr geht euch gelegentlich ganz gehörig auf die Nerven, vor allem dann, wenn der andere mal wieder eure Erwartungen nicht erfüllt.

Was stört euch daran so sehr? Warum bringt es euch so auf? Warum sollte der andere eure Erwartungen erfüllen? Weil ihr das so möchtet? Weil ihr eure Bedürfnisse erfüllt sehen möchtet? Nun, das ist ein legitimer Wunsch. Das Problem ist allerdings, dass ihr euch selbst oft eure Bedürfnisse gar nicht zugesteht, euch nicht erlaubt, eure Bedürfnisse zu äußern und selbstverständlich anzunehmen, dass sie erfüllt werden, dass es euer Recht ist, die Erfüllung eurer Bedürfnisse zu finden. Solange ihr dieser Überzeugung seid, kann der andere versuchen, was er will, ihr werdet immer noch davon ausgehen, dass eure Bedürfnisse nicht erfüllt werden können, und – ihr werdet es dem anderen mehr oder weniger offen, mehr oder weniger bewusst vorwerfen, dass eure Bedürfnisse nicht befriedigt worden sind. Dabei übersieht ihr in der Regel, dass der andere nicht für eure Bedürfnisse und ihre Erfüllung verantwortlich ist. Das seid ihr selbst. Denn eure eigenen Überzeugungen und Glaubenssätze bestimmen die Wirklichkeit eurer Welt, eures Erlebens. Und der andere spiegelt euch das, ob es euch passt oder nicht.

Wenn ihr diesen Gedanken aber ein wenig weiterdenkt, so werdet ihr feststellen, dass ihr in der Erfüllung eurer Bedürfnisse nicht von eurem Partner abhängig seid. Denn wenn ihr die Ursachen in eurem Leben setzt, so zeigt euer Partner euch nur die Wirkungen dessen, was ihr verursacht habt. Das heißt, euer Partner ist nicht für die Wirkungen in eurem Leben verantwortlich, so sehr es auch so scheinen mag.

Dasselbe gilt für euren Chef, für eure Mitarbeiter, eure Untergebenen, eure Nachbarn, für alle, mit denen ihr zu tun habt. Alle spiegeln sie euch, was ihr verursacht mit eurem Denken, Fühlen und Handeln, mit euren Erwartungen und Glaubenssätzen gegenüber dem Leben. So einfach ist das, und doch so schwierig.

Das heißt nun aber auch, dass niemand Macht über euch hat, es sei denn, ihr übergebt die Macht über euch an jemand anderen, es sei denn, ihr macht euch zum Opfer. Das heißt aber auch, dass ihr in jedem Augenblick eures Lebens etwas ändern könnt, dass ihr euch entscheiden könnt, die Macht in eurem Leben zurückzunehmen, sie selbst zu leben, die Opferrolle aufzugeben. Das ist dann nicht mehr davon abhängig, wie sich eure Umwelt verhält, sondern es obliegt nur eurer eigenen Entscheidung. Und damit seid ihr unabhängig, vollkommen frei und unabhängig. In dem Augenblick, in dem ihr die volle Verantwortung für euch und euer Leben übernehmt, seid ihr vollkommen frei und unabhängig. Ist euch klar, was das bedeutet?

Es bedeutet, dass euch niemand mehr gängeln kann, dass niemand mehr über euch entscheiden kann, dass ihr dem Leben und der Laune der anderen nicht mehr ausgeliefert seid. Es bedeutet, dass ihr freie und unabhängige Wesen seid, in jeder Beziehung.

Lasst euch das einmal auf der Zunge zergehen!

Gehen wir noch einmal zurück zu eurer Beziehung. Wenn ihr wisst, dass nur ihr für euer Leben verantwortlich seid, so könnt ihr eurem Partner auf eine ganz neue Weise gegenübertreten. Ihr könnt nämlich aus seinen Reaktionen oder Unterlassungen – je nachdem, wie ihr das seht – Rückschlüsse ableiten darauf, welche Ursachen ihr setzt. Das heißt, euer Partner gibt euch in seiner grenzenlosen Liebe die Möglichkeit, euch selbst näher kennen zu lernen, euch selbst auf die Schliche zu kommen, euren Glaubenssätzen und versteckten Überzeugungen und Ängsten, mit denen ihr euch über so viele Jahre selbst gegängelt habt und euch das Leben schwer gemacht habt. Das heißt, eurem Partner gebührt in erster Linie Dank für die wunderbaren Möglichkeiten, die er euch zur Verfügung stellt. Denn wie oft hat er oder sie Vorwürfe eingesteckt, weil angeblich etwas nicht „richtig" gemacht worden ist. Nun, ihr wisst jetzt, dass alles perfekt gelaufen ist, perfekt in dem Sinne, dass es euch in perfekter Weise Aufschluss gegeben hat über euch selbst. Also hört auf, euch bei euren Mitmenschen zu beschweren für all das, was sie euch „angetan" haben. Ihr wisst nun, wie es sich verhält, und ihr wisst auch, dass euren Mitmenschen Dank zukommt, dafür, dass sie euch so wunderbare Möglichkeiten der Selbsterkenntnis und der Heilung bieten. Denn jedes Mal, wenn ihr an einen alten Schmerz gelangen könnt, weil sich euer Partner mal wieder „so selten dämlich" benommen hat, so wenig einfühlsam, so wenig verständnisvoll, so ungeduldig, so verletzend, so überhaupt irgendwie „falsch", habt ihr Gelegenheit, zu heilen, ein Stück heiler zu werden, euch ein Stück mehr zu befreien von alten Überzeugungen und einschränkenden Glaubenssätzen. Und dafür gebührt ihm oder ihr Dank, so schwer euch das auch erscheint. Beobachtet einmal einige Tage lang, wie oft ihr versucht, eurem Partner etwas zu erklären, ihm oder ihr klar zu machen, was euch wichtig ist, wo ihr euch nicht gesehen fühlt und wie oft ihr dabei in mehr oder weniger versteckte Vorwürfe abgleitet, da ihr die Verantwortung für etwas, was nicht zu eurer Zufriedenheit läuft, abgebt. Das soll nun nicht heißen, dass ihr nicht eure Bedürfnisse klar zum Ausdruck bringen solltet, so sie euch denn bewusst sind, denn euer Partner ist kein Hellseher, der immer und überall erahnen kann, was euch gerade beliebt. Im Gegenteil, je bewusster ihr euch darüber seid, welches eure Bedürfnisse sind und je klarer ihr davon überzeugt seid, dass ihr es selbstverständlich verdient habt, dass eure Bedürfnisse auch erfüllt werden können, desto klarer dürfte auch die Kommunikation zwischen euch ablaufen und desto weniger „Missverständnisse" bzw. unklare Botschaften dürfte es zwischen euch geben. Das heißt auch, je mehr ihr die Verantwortung für euch und euer Wohlergehen selbstverständlich übernehmt, je weniger ihr also dazu neigt, fälschlicherweise Verantwortung für das Wohlergehen eures Partners zu übernehmen, desto weniger Verstrickungen können sich ergeben und desto weniger kompliziert wird euer Zusammenleben sein.

Erst wenn beide Partner sich voll und ganz der Tatsache bewusst sind, dass sie eigenverantwortliche Wesen sind, die sich freiwillig zusammengetan haben, um sich das Leben angenehmer zu gestalten, um ihr Leben und ihre Lernerfahrungen zu teilen, um sich gegenseitig die Chance zu geben, sich selbst näher zu kommen und Schritt für Schritt zu heilen, sind die Voraussetzungen für eine wirkliche Partnerschaft gegeben. Natürlich könnt ihr eurem Partner Dinge abnehmen, ihr könnt euch bestimmte Aufgaben teilen, ihr könnt euch gegenseitig mit euren Fähigkeiten unterstützen, ihr könnt einander Stütze und Halt sein in schwierigen Zeiten. Was ihr ihm jedoch nicht abnehmen könnt, ist die Verantwortung für sich selbst und sein Wohlergehen. Ihr könnt nur dazu beitragen, indem ihr selbst die volle Verantwortung für euch selbst übernehmt. Das ist alles. Viel Erfolg dabei.

21   *Die Gefühle mitteilen*

Gehen wir noch einmal zurück zu unserer Ausgangssituation, euren Drachen. Ihr erinnert euch, dass wir gesagt haben, dass es für euch in erster Linie darauf ankommt, euch eurer Drachen bewusst zu werden, um ihnen begegnen zu können. Denn erst, wenn ihr euch der Tatsache bewusst seid, dass ihr euch vor euren Drachen fürchtet und sie vermeidet, könnt ihr die Entscheidung treffen, ihnen bewusst zu begegnen. Erst wenn ihr erkennt, dass ihr Angst habt, etwas zu verlieren, könnt ihr euch dieser Angst ganz bewusst stellen. Zuerst ist immer die Bewusstheit über eine Sache vonnöten, um eine Entscheidung zu treffen, dieser Sache die Stirn zu bieten bzw. sich ihr in Liebe zuzuwenden. Denn um nichts anderes geht es letzen Endes: Um die liebevolle Zuwendung all euren Anteilen gegenüber, um das liebevolle Annehmen all eurer Anteile, ohne Ausnahme. Wir betonen, ohne Ausnahme.

Das soll euch aber nicht davon abhalten, Schritt für Schritt vorzugehen. Ihr könnt nicht von euch erwarten, dass ihr all die Anteile, die ihr bisher in euch abgelehnt habt, sozusagen auf einen Schlag annehmt. Das wäre vielleicht ein bisschen viel von euch verlangt. Es geht vielmehr darum, immer bewusster euch selbst zu begegnen, euch immer bewusster wahrzunehmen und immer bewusster all euren Drachen auf die Spur zu kommen. Dann erst könnt ihr euch ihnen zuwenden. Und wenn ihr das Schritt für Schritt tut, könnt ihr euch auch nicht überfordern. Seid liebevoll mit euch selbst, seid geduldig mit euch selbst. Ihr habt alle Zeit der Welt. Ihr seid Herr und Meister über euer Leben. Nur ihr allein bestimmt das Tempo, bestimmt die Lernschritte, nur ihr allein. Befreit euch ein für allemal von der Vorstellung, dass irgendeine Instanz außerhalb von euch etwas Bestimmtes von euch erwarten würde. Nur ihr selbst setzt euch unter Druck, nur ihr selbst erwartet Dinge von euch, erwartet, dass Dinge in ganz bestimmter Art und Weise erfüllt oder erledigt werden sollen. Ihr selbst setzt den Maßstab, ihr selbst gebt die Vorgaben, nur ihr allein.

Nehmen wir wieder ein Beispiel zu Hilfe:

Stellt euch vor, ihr seid in einer Zwickmühle, und zwar in der Art, dass ihr zwischen zwei Personen „entscheiden" sollt. Genauer gesagt, geht es um die Situation, dass ihr mit zwei Personen konfrontiert seid, die von euch verlangen, euch jeweils für sie zu entscheiden, in welchem Zusammenhang auch immer. Jede der beiden Personen erwartet eure Unterstützung, eure Loyalität. Was tun? Ihr mögt beide Personen, beide stehen euch nah, beide sind euch wichtig. Beide erwarten von euch ein bestimmtes Verhalten, das man von einem guten Freund oder einer guten Freundin erwarten kann. Was aber habt ihr selbst an Erwartungen in euch? Wie verhält sich in eurer Vorstellung ein guter Freund oder eine gute Freundin? Was ist eurer Vorstellung nach ein guter Freund oder eine gute Freundin, ein guter Kollege, Chef...?

Und hier wird es interessant. Höchst interessant: Ihr meint, den Erwartungen der beiden Personen entsprechen zu müssen, um sie nicht zu enttäuschen, um ihnen zu zeigen, dass sie euch wichtig sind, dass sie einen hohen Stellenwert in eurem Leben haben. Wie aber könnt ihr wissen, welche Vorstellungen die beiden von einer guten Freundin oder einem guten Freund haben, bzw. von dem Verhalten eines guten Freundes oder einer guten Freundin?

Vielleicht erwartet der eine Taten, der andere Worte oder beides. Wenn ihr versucht, den Erwartungen der anderen zu entsprechen, könnt ihr eigentlich auch gleich ein Lotteriespiel machen. Die Wahrscheinlichkeit eines „Treffers" ist außerordentlich gering. Oft aber versucht ihr genau das. Ihr vermutet, was der andere von euch erwartet, könnt es aber nicht wirklich wissen, ihr könnt, wie gesagt, nur vermuten. Und so handelt ihr nach den vermuteten Erwartungen der anderen und fallt zwischen alle Stühle.

In der oben beschriebenen Situation wird das sehr klar: Da ihr gar nicht wissen könnt, wie das Verhalten eines guten Freundes oder einer guten Freundin in den Augen der beiden Personen aussieht, habt ihr nur eine Wahl: Ihr könnt euch nur nach euch selbst richten.

Aber auch hier wird die Sache schwierig. Welche Erwartungen habt ihr selbst an einen guten Freund? Welches Verhalten wäre für euch das „richtige"?

Solange ihr versucht, euer Verhalten abzustimmen auf irgendwie geartete Erwartungen, seid ihr nicht authentisch und handelt nicht eigenverantwortlich, sondern versucht nur, ein altes Gefühl, eine alte Angst zu vermeiden, und zwar die Angst, abgelehnt zu werden.

In unserem Beispiel machen die beiden Personen einen entscheidenden „Fehler". Sie versuchen, Unterstützung in einer für sie schwierigen Situation zu erhalten, um sich nicht so „schlecht" zu fühlen. Das heißt, sie sind auf der Suche nach Möglichkeiten, ihre „schlechten" Gefühle nicht wahrnehmen zu müssen, bzw. Erleichterung zu erfahren, indem ihr ihnen „Recht" gebt, sie unterstützt. Damit geben sie aber ihre Verantwortung für ihre Gefühle ab. Sie sind nicht in der Lage, sich ihren Gefühlen in Wahrhaftigkeit zu stellen und dafür die Verantwortung zu übernehmen. Nun, diese Verantwortung könnt ihr ihnen aber nicht abnehmen, selbst wenn ihr das wolltet. Ihr könnt nur für euch selbst Verantwortung übernehmen, für eure Gefühle, Worte und Taten.

Und so habt ihr nur die Möglichkeit, wenn ihr authentisch sein wollt, in einer solchen Situation in euch hineinzufühlen, um festzustellen, was diese Situation in euch auslöst. Und dann könnt ihr nur in Wahrhaftigkeit eure Gefühle mitteilen, zum Beispiel, dass ihr euch überfordert fühlt, dass ihr das differenziert seht und nicht einfach Partei ergreifen wollt und könnt, oder dass ihr die Sache so oder so seht. Erst wenn ihr authentisch mit euch selbst seid, kann jeder in einer solchen Situation gewinnen. Denn erst, wenn ihr nur die Verantwortung für euch selbst und für eure Gefühle übernehmt und nicht für die anderen, haben die anderen die Chance, auch die Verantwortung für ihre eigenen Gefühle zu übernehmen.

Nicht jeder wird sofort dazu bereit sein, aus den verschiedensten Gründen. Das sollte jedoch für euch kein Grund sein, nicht authentisch zu sein, nicht wahrhaftig zu sein.

Vielleicht begegnet ihr in einer solchen Situation dem Drachen in euch, der „gerade dran" ist, der sich zeigen will, um integriert werden zu können, dem Drachen der Angst, den Erwartungen anderer nicht entsprechen zu können und dafür abgelehnt zu werden. Dahinter aber steht die Angst, nicht „genug" sein zu können, nicht „gut genug" sein zu können, um wirklich bedingungslos geliebt zu werden. Das ist eure größte Angst. Doch seid getrost. Hinter eurer größten Angst steht euer größtes Potenzial, hinter der Angst, nicht bedingungslos geliebt zu werden, steht euer göttliches Potenzial, bedingungslos zu lieben, euch selbst und alles andere. Seid getrost. Ihr seid unendlich geliebt.

22   *Den Schmerz zeigen*

Nehmen wir noch ein anderes Beispiel. Nehmen wir an, ihr befindet euch in einer Situation, die eure alten Drachen mit Macht auf den Plan ruft, und zwar die Situation, in der ihr euch einer Person gegenübersehst, die euch kritisiert. Pikant wird die Situation vor allem dadurch, dass es sich bei der Person, die euch kritisiert, um jemanden handelt, der euch sehr nahe steht, den ihr sehr mögt, und der euch sehr wichtig ist. Was löst das in euch aus?

Verschärft wird die Situation nun noch dadurch, dass die Person ihre Kritik ironisch, beinahe sarkastisch hervorbringt und euch dabei zu verstehen gibt, dass sie euer Verhalten völlig unannehmbar findet. Dabei versucht sie jedoch, ihre eigenen Gefühle im Zaum zu halten, da sie das so gelernt hat, und dadurch wirkt ihre Kritik sehr verachtend.

Was geschieht in euch?

Da spielt jemand auf der Klaviatur eurer Gefühle, eurer „unangenehmen" Gefühle, wie ihr sagen würdet.

Doch was passiert tatsächlich?

Die Person hat sich über euch geärgert, aus welchem Grund auch immer. Sie drückt ihren Ärger aus, in welcher Form auch immer.

Muss das unbedingt mit euch zu tun haben in dem Sinne, dass ihr etwas „falsch" gemacht habt? Dass ihr nicht „in Ordnung" seid? Kaum.

Das seht ihr anders? Das mag wohl sein, aber es ändert nichts an der Tatsache, dass die genannte Person etwas geäußert hat, das *sie* gestört hat. Es mag die unterschiedlichsten Gründe geben, warum die Person sich gestört fühlt oder gestört gefühlt hat. Sie mag sehr müde sein, sie mag sich bereits über andere oder anderes geärgert haben, sie mag sich nicht sehr wohl fühlen an dem Tag, sie mag Sorgen haben, sie mag einfach einen sehr schwierigen Tag haben. Sie mag auch berechtigte Kritik an eurem Verhalten haben.

Was ist eure Reaktion? Nehmt ihr sofort an, dass die Person die Kritik zu recht äußert? Nehmt ihr sofort an, dass die „ganze Schuld" bei euch liegt?

Was geht in euch vor? Sehen wir einmal von euren Gedanken ab und sehen uns nur eure Gefühle an. Welche Gefühle stellen sich ein? Minderwertigkeitsgefühl? Angst? Wut? Hilflosigkeit? Ein Gefühl der Lähmung?

Alles ist möglich, je nachdem, welche Erfahrungen ihr früher einmal in einer ähnlichen Situation gemacht habt. Seid ihr in eurer Kindheit oft kritisiert worden? Hat man euch oft unberechtigte Vorwürfe gemacht? Hat man euch oft abgewertet? Je nach eurer Erfahrung werden die unterschiedlichsten Gefühle in euch ausgelöst.

Und genau darum geht es uns, um das bewusste Fühlen der Gefühle, die in euch aufsteigen, und die ihr so gern verdrängen möchtet, die ihr so gern vermeidet. Da ist bei den meisten von euch ein Gefühl von Angst, das nun endlich gesehen werden möchte. Die Angst mag nicht direkt für euch fühlbar sein, da sie oft hinter Wut und Aggression oder Verzweiflung und Vorwürfen versteckt wird. Aber wann immer ihr Wut verspürt, wenn ihr kritisiert werdet, könnt ihr davon ausgehen, dass eine Angst sich meldet, ein alter Schmerz, der alte Schmerz, sich nicht geliebt zu fühlen, die alte Angst, nicht gut genug zu sein, nicht liebenswert genug zu sein, die alte Angst vor Ablehnung.

Wie verhaltet ihr euch in einer solchen Situation? Kritisiert ihr euerseits? Rechtfertigt ihr euch? Fangt ihr an zu weinen? Werdet ihr ärgerlich bzw. erhebt ihr eure Stimme?

Oder seid ihr in der Lage, die Kritik ganz ruhig anzuhören, und – falls die Kritik berechtigt ist – dies auch ganz in Ruhe zuzugeben? Wohl kaum.

Vermutlich werdet ihr versuchen, den anderen davon zu überzeugen, dass seine Kritik nicht wirklich berechtigt ist, bzw. ihm erklären, dass es wichtige Gründe für euer Verhalten gab.

Solange ihr in eurer Emotion gefangen seid, ohne sie bewusst zu fühlen, seid ihr eurer Emotion ausgeliefert. Ihr lauft dann Gefahr, ein Verhalten an den Tag zu legen, das euch in eurer Kindheit geholfen hat, in einer solchen Situation das zu erhalten, was ihr brauchtet. In den meisten Fällen ist das ein Verhalten, das früher einmal „richtig" bzw. „angemessen" war, das aber heute nicht mehr angemessen ist und meist das Gegenteil von dem erreicht, was ihr eigentlich erreichen möchtet. Ihr werdet kaum erreichen, dass der andere euch liebevoll und verständnisvoll anlächelt oder euch gar in den Arm nimmt, wenn ihr seine Kritik ärgerlich von euch weist. Dann fühlt er sich nämlich nicht gesehen in dem, was er euch zu sagen hat, und das mag in ihm so einiges an Gefühlen auslösen, die er nicht unbedingt bereit ist, bewusst zu fühlen. Damit ist die Eskalation in vielen Fällen vorprogrammiert.

Was könnt ihr tun?

Ihr wisst es schon? Sicherlich wäre es keine schlechte Sache, an euren Atem zu denken und ihn zu beobachten. Wenn ihr jedoch schon mitten in eurer Emotion gefangen seid, fällt es euch oft sehr schwer, auch noch an euren Atem zu denken, wenn ihr das nicht immer wieder geübt habt. Eines wäre aber sicherlich hilfreich:

Versucht einmal in einem solchen Augenblick, nicht dem Impuls zu folgen, sofort etwas zu erwidern, euch zu rechtfertigen oder euch den Ton zu verbitten. Versucht einmal, ganz bewusst wahrzunehmen, welche Gefühle sich in euch zeigen. Das mögen sehr schmerzliche Gefühle sein, Gefühle, die ihr vielleicht sogar meint, kaum aushalten zu können. Wenn es sich aber um eine Person handelt, die euch sehr nahe steht, dann dürfte es kein Problem sein, euch auch in eurem Schmerz zu zeigen. Das heißt nun nicht, dass ihr dem anderen vermitteln sollt, dass es euch *wegen* seiner Kritik so „schlecht" geht. Es geht vielmehr darum, zunächst einmal bewusst die Gefühle, die aufsteigen, zu fühlen und einfach nur bei eurem Fühlen zu bleiben, ohne euch in der Opferrolle zu verlieren. Und dann wäre es auch keine schlechte Idee, dem anderen zu sagen, dass seine Kritik bei euch angekommen ist. In dem Augenblick, in dem der andere nämlich das Gefühl hat, dass ihr ihm zugehört habt, dass das, was ihn geärgert hat, bei euch angekommen ist, kann er sich entspannen und ist damit in der Lage – ohne seinen Ärger – auf euch und eure Gefühle zu reagieren.

Was ihr in den meisten Fällen tut oder wozu ihr die Tendenz habt, zu tun, ist, in die Vermeidung der Gefühle zu gehen, indem ihr euch rechtfertigt. Damit hat der andere oft das Gefühl, nicht wirklich gehört worden zu sein, was in ihm wiederum zu Frustgefühlen führt, die seinen Ärger noch verstärken können. Und damit habt ihr beide nichts gewonnen, im Gegenteil, ihr fühlt beide weiteren Ärger, bzw. weitere Angst. Und somit wird die Kommunikation zwischen euch immer schwieriger – bis eine der beiden Seiten den Mut hat, sich ihren Gefühlen zu stellen – und sie zu benennen. In dem Augenblick, in dem der eine den Mut hat, klar und deutlich zu sagen, dass er Angst verspürt, dass er sich abgewertet fühlt, dass er Schmerz verspürt, ohne zu sagen *„Du* hast mir weh getan", ohne also Schuld zuzuweisen, kann der andere sich entspannen und sich für die Gefühle seines Gegenübers öffnen und Mitgefühl empfinden. Es ist so wichtig, dass ihr bei euren eigenen Gefühlen bleibt.

Erst dann könnt ihr euch auf der Herzensebene begegnen, erst dann könnt ihr euch wirklich begegnen, ohne euch weitere Verletzungen zuzufügen.

Erst wenn ihr bei euren eigenen Gefühlen bleibt, hat der andere die Chance, euch wirklich zu begegnen. Probiert es aus. Ihr werdet feststellen, dass sich aus einer potenziell schwierigen Situation eine wunderbare Begegnung auf der Herzensebene ergeben kann, wenn ihr wahrhaftig und authentisch mit euch selber seid. Ihr werdet feststellen, wie der andere sich entspannen kann, euch wieder mit Offenheit begegnen kann, wenn er sich nicht von euch in Frage gestellt fühlt. Probiert es aus, doch erwartet nicht zu viel von euch. Lasst euch Zeit, ihr könnt nichts verpassen. Alles geschieht zur rechten Zeit. Verlasst euch darauf.

23 Das Wunder der Liebe geschehen lassen

Liebe, was ist das?

Sie ist in aller Munde, und doch wissen nur wenige Menschen, was das ist. Sie wird besungen, gepriesen, ersehnt, und doch von so wenig Menschen erfahren in ihrem Herzen. Denn das, was die meisten für Liebe halten, ist alles andere als Liebe. Wie oft handelt es sich um Haben-wollen, um Besitzen-wollen, um das Gefühl der Einsamkeit nicht fühlen zu müssen, um alten Schmerz nicht fühlen zu müssen. Wie oft handelt es sich nur vermeintlich um Liebe, und in Wahrheit um Vermeidung von etwas, vor dem ihr euch fürchtet, vor dem ihr euer Herz verschlossen haltet, um es nicht fühlen zu müssen. Wenn ihr jedoch euer Herz verschlossen haltet, könnt ihr auch die Liebe nicht fühlen. Nur ein offenes Herz ist auch offen für die Liebe. Nur ein offenes Herz kann Liebe fühlen, Liebe empfangen und Liebe verströmen, ohne Bedingung, aus seinem Sein.

Sehen wir uns einmal an, was ihr normalerweise in eurem Leben für Liebe haltet. Nehmen wir wieder ein Beispiel zu Hilfe. Nehmen wir an, ihr seid frisch verliebt. Euer Herz hüpft, euer ganzer Körper bebt, ist lebendig. Ihr fühlt tiefe Freude, könntet die ganze Welt umarmen. Euer Herz ist geöffnet. Und es kann Liebe fühlen. Denn wenn ihr euer Herz geöffnet habt, könnt ihr alles mit den Augen der Liebe betrachten, nicht nur den Menschen, in den ihr verliebt seid. Nach einer Weile ebbt das Gefühl der Verliebtheit ein wenig ab, und ihr gleitet wieder in euren „Normalzustand" über, in dem euer Herz mehr oder weniger verschlossen ist. Nun passiert Folgendes: *Er* möchte sich ein Sportereignis ansehen, während sie mit ihm einen gemütlichen Abend verbringen will. Ihm ist das Sportereignis sehr wichtig, und da er sowieso soviel Zeit mit ihr verbracht hat, kann er sich eine Abwechslung sehr gut vorstellen. Mal wieder mit seinen Kumpeln einen netten Abend verbringen, eine verlockende Idee.

Sie ist wie vor den Kopf gestoßen. Das Sportereignis ist ihm wichtiger als sie! Wie entsetzlich! Sofort macht sich eine Angst in ihr breit, dass er sie gar nicht richtig lieben kann, wenn ihm der Sport soviel wichtiger ist als sie. Und sofort verschließt sich ihr Herz noch mehr. Denn das alte Gefühl, nicht geliebt zu werden, nicht liebenswert genug zu sein, ist so furchtbar, dass sie es auf keinen Fall fühlen möchte. Aber sie fühlt es dennoch. Und ihr ganzes Denken kreist nur noch um die Tatsache, dass sie ihm nicht wichtig genug ist.

Er hat überhaupt kein Verständnis dafür. Er findet, sie übertreibt ganz furchtbar und hat kein Vertrauen in ihn und seine Gefühle für sie. Und das kränkt ihn, denn es bringt ihn außerdem mit seiner alten Angst, nicht gut genug zu sein, in Kontakt. Doch diese Angst möchte er überhaupt nicht fühlen, da er sie als unerträglich in Erinnerung hat. Und so verschließt auch er sein Herz für seine Gefühle. Und so verschließen beide ihr Herz füreinander und für die Gefühle des anderen und für die Liebe. Plötzlich scheint der andere nicht mehr schön und begehrenswert zu sein, sondern nur noch hässlich. All die Schönheit, die beide am anderen wahrgenommen hatten, scheint sich von einem Augenblick zum nächsten verflüchtigt zu haben, da beide sich nur noch mit den Augen der Angst und nicht mehr mit den Augen der Liebe begegnen können.

Kommt euch das bekannt vor? Der andere entspricht nicht euren Erwartungen und sofort setzt ein altes Mangelprogramm bei euch ein.

Was könnt ihr tun? Das, was ihr normalerweise für Liebe haltet, ist das Bedürfnis nach Anerkennung, nach Nähe, nach Geborgenheit mit einem Menschen, dem ihr euch nahe fühlt. Das Kind in euch erwartet immer noch sehnsüchtig die Erfüllung all jener Bedürfnisse, die in eurer Kindheit nicht erfüllt worden sind. Und so seht ihr im anderen häufig den Menschen, der euch von alten Schmerzen befreien kann, indem er euch das gibt, was euch so sehr gefehlt hat. Doch das ist ein Irrtum, wie ihr bereits wisst. Ihr wisst, dass der andere eure Wunden nicht heilen kann. Denn um das tun zu können, müsste er in der Lage sein, eure Gefühle der alten Verletzungen, euren alten Schmerz für euch zu fühlen. Das aber ist unmöglich. Er kann den alten Schmerz bestenfalls mitfühlen, wenn sein Herz geöffnet ist und er Mitgefühl empfinden kann. Mehr jedoch kann er nicht. Das heißt, ihr könnt nur heilen, indem ihr euer Herz für euch selbst und für euren alten Schmerz öffnet und euch damit für die Liebe öffnet. Wenn euch das gelingt, wenn es euch gelingt, euer Herz zu öffnen, den alten Schmerz bewusst zu fühlen und nicht auszuweichen, kann das Wunder der Liebe geschehen, ganz von selbst. Denn wenn euer Herz geöffnet ist, wenn es für die Liebe geöffnet ist, könnt ihr euch selbst mit Liebe begegnen und heilen. Und dann könnt ihr auch dem anderen mit Liebe begegnen, ohne in erster Linie die Erfüllung eurer Bedürfnisse zu erwarten, ohne von einem bestimmten „richtigen" Verhalten des anderen abhängig zu sein. Und das gilt für jede Begegnung mit Menschen. Liebe ist ein Zustand des geöffneten Herzens ohne Einschränkung. Liebe erwartet daher nichts, schon gar nicht Liebesbeweise, denn wenn Liebe ein Zustand ist, hat sie nichts damit zu tun, etwas „richtig" zu machen. Sie ist, und sie erwartet nicht. Sie lässt sein, so wie es ist, ohne Bedingung.

Was kann *sie* also tun? Sie kann erst einmal tief Luft holen, ihren Atmen beobachten und fühlen, was sich in ihr zeigt. Wenn sie merkt, dass ein alter Schmerz sich zeigen will, hat sie mehrere Möglichkeiten. Sie kann *ihn* bitten, ihr beizustehen mit seiner mitfühlenden Gegenwart, wenn sie ihren alten Schmerz zulässt, ihn einlädt, um ihn ganz bewusst zu fühlen.

Sie kann sich aber auch entscheiden, sich erst einmal zurückzuziehen, um sich ganz in Ruhe ihrem Schmerz zuwenden zu können, vor allem, wenn sie sich nicht sicher ist, dass sie nicht vielleicht doch in Vorwürfe ihm gegenüber abgleitet und ihn für ihren Schmerz verantwortlich macht. Wenn ihr das gelingt, verhält sie sich liebevoll sich selbst und ihm gegenüber. Denn natürlich ist er nicht für ihren Schmerz verantwortlich, genauso wenig wie sie verantwortlich ist für seine alte Angst, nicht zu genügen.

Wenn es ihr gelingt, sich dem alten Schmerz in ihr zu öffnen, kann er heilen, und dann erhält sie sehr schnell die Möglichkeit, zu sehen, dass sein Interesse am Sport nichts mit seiner Zuneigung zu ihr zu tun hat, sondern dass er ganz einfach mal wieder etwas tun möchte, was ihm neben der Beziehung auch viel Spaß macht.

Was kann *er* tun?

Er kann innehalten, um zu prüfen, was er wirklich möchte, was ihm wichtig ist. Und dann kann er ihr in Ruhe seine Entscheidung mitteilen. Er hat das Recht auf seine eigene Entscheidung. Die kann ihm niemand streitig machen. Wenn sie dann seine Entscheidung nicht akzeptieren kann, so ist das ihr Problem, nicht seins. Es wird erst zu seinem Problem, wenn er sich angegriffen fühlt, sich in seinen Gefühlen zu ihr in Frage gestellt fühlt, wenn er mit seiner alten Angst, nicht zu genügen, in Berührung kommt. Dann ist es an ihm, sich dieser Angst zu stellen, so wie es an ihr war oder ist, sich ihrer Angst zu stellen.

Nur so können beide die Chance wahrnehmen, die sich in ihrer Beziehung ergibt, an alte, lange verdrängte Gefühle zu gelangen und zu heilen, wenn sie denn dafür bereit sind, statt den anderen für unangenehme Gefühle verantwortlich zu machen.

Letzteres wird unweigerlich zu Streit führen und sehr wahrscheinlich zu weiteren Verletzungen, nicht aber zu einer Heilung.

Darum können wir euch nur ermutigen, euch immer wieder euren Gefühlen zu stellen, sie einzuladen, sich euch fühlbar zu machen, und ihr werdet erleben, wie sich die alten Verletzungen eine nach der anderen verabschieden, wie sie geheilter Teil von euch werden können, wenn ihr sie in Liebe annehmen könnt.

24 *Die Grenzen des Anderen wahrnehmen*

Gehen wir noch einmal zum Thema der Liebe zurück. Wir haben gesagt, Liebe ist, sie erwartet nichts, sie ist und gibt aus sich selbst heraus, und das heißt, Liebe achtet Grenzen.

Achtet ihr eure Grenzen? Eure eigenen und die der anderen? Seid ihr euch eurer Grenzen bewusst? Haltet ihr sie ein? Oder überschreitet ihr sie permanent?

Warum seht ihr Grenzen als etwas Negatives? Überprüft einmal, wie ihr auf Grenzen reagiert? Was löst allein das Wort *Grenze* in euch aus? Einschränkung? Begrenzung? Mangel? Das Gefühl, nicht dazuzugehören, ausgeschlossen zu sein? Die Angst vor Bestrafung? Die Angst vor Grenzüberschreitung, vor Missbrauch?

Die meisten von euch haben es in ihrer Kindheit erfahren, dass Grenzen nicht beachtet wurden, dass Grenzen zum Teil massiv überschritten wurden, dass euer Raum nicht geachtet wurde, der Raum, in dem ihr euch sicher und geborgen fühlt.

Das hat dazu geführt, dass ihr entweder versucht, Grenzen nicht zu bemerken, um nicht unangenehm aufzufallen, oder Schutzwälle zu errichten oder beides. Denn wenn eine bedürftige Person in eurem Umfeld immer wieder versucht hat, eure Grenzen zu überschreiten, eure Bedürfnisse zu missachten, um die eigenen Bedürfnisse erfüllen zu können, so habt ihr bei dem Versuch, auf der Einhaltung eurer Grenzen zu bestehen, meist auch die Erfahrung gemacht, sehr unangenehme Folgen in Form von verschiedensten Bestrafungen erleiden zu müssen. Diese Bestrafungen sind manchmal sehr subtil gewesen. Allein eine entzogene Aufmerksamkeit kann zu dem Gefühl geführt haben, nicht überleben zu können, völlig allein und ausgeliefert zu sein. Und dieses Gefühl versucht ihr, in eurem weiteren Leben zu verdrängen.

Genauso gut kann es sein, dass eure einzige Schutzmöglichkeit darin bestand, einen massiven inneren Schutzwall zu errichten, um euch vor der Bedürftigkeit einer anderen Person zu schützen. In diesem Fall bleibt sehr viel der Gesamtpersönlichkeit hinter diesem Schutzwall verborgen – aus lauter Angst, wieder so stark bedrängt zu werden, nicht genug Raum zum atmen zu haben.

Achtet einmal darauf, wie oft ihr den Atem anhaltet oder nur eingeschränkt fließen lasst, wenn jemand eure Grenze überschreitet, wenn euch jemand zu nah kommt. Auch wenn ihr nicht bewusst registriert, dass euch jemand zu nah kommt, wird euer Atem sehr genau reagieren und euch zeigen, dass jemand in euren Raum eingedrungen ist bzw. euren Raum mehr oder weniger besetzt.

Was könnt ihr tun? Nun, zunächst einmal registrieren, dass ihr eure Grenze nicht spürt, dass ihr einen Schutzwall aufgebaut habt, anerkennen, dass es sich so verhält. Das ist der erste Schritt. Alles Weitere wird folgen. Denn erst wenn ihr etwas als Wirklichkeit akzeptiert habt, kann sich etwas verändern, weil ihr bewusster geworden sei. Ein Teil, der lange verdrängt war, kann nun an die Oberfläche kommen, sozusagen ans Licht und endlich gesehen werden. Vielleicht seid ihr auch schon bereit, diesem Teil in euch weitere Aufmerksamkeit zu schenken, vielleicht auch nicht. Dann ist das so. Dann wird dieser Teil einfach wieder ins Unbewusste abgleiten. Das heißt jedoch nicht, dass ihr ihn damit los seid. Im Gegenteil, er kann dort unbewusst sein Unwesen treiben und euer Verhalten immer wieder beeinflussen, so dass ihr die Erfahrung, die zu der Verbannung dieser Anteile geführt hat, immer und immer wieder macht, bis ihr bereit seid, diese Anteile bewusst zu betrachten.

Genauso gut kann es euch geschehen, dass ihr „unbemerkt" die Grenze eines anderen überschreitet. Auch hier gibt euch euer Atem Hinweise. Ihr werdet spüren, dass sich euer Atemfluss verändert, sobald ihr den Raum einer anderen Person betretet, auch wenn der Verstand das überhaupt nicht registriert hat, dass ihr euch sozusagen auf fremdem Territorium befindet.

Wie kommt es, dass ihr Grenzen überschreitet, ohne es zu bemerken, ohne es bewusst zu registrieren? Wie kommt es, dass ihr anderen zu nahe kommt, obwohl das bewusst gar nicht eure Absicht ist? In vielen Fällen handelt sich um eine nicht gestillte Bedürftigkeit, um die Bedürftigkeit, wahrgenommen zu werden in eurer Individualität. Es ist euer grundlegendes Bedürfnis, wahrgenommen zu werden, beachtet zu werden in euren Bedürfnissen, denn sonst könntet ihr als kleine Kinder nicht überleben. Je weniger eure Bedürfnisse geachtet worden sind, desto mehr ergeben diese Bedürfnisse eine Bedürftigkeit, die einem erwachsenen Menschen nicht angemessen ist. Denn die Bedürfnisse, die ihr als Kinder hattet, könnt ihr nun selbst stillen. Die Bedürftigkeit, die sich aus der erlebten Wirklichkeit, nicht geachtet zu werden, entwickelt hat, macht es sehr schwer, manchmal schier unmöglich, die Grenzen eines anderen Menschen bewusst wahrzunehmen, letztlich weil euer eigener Raum mit all euren Bedürfnissen nicht geachtet wurde.

Auch hier hilft nur, sich der Erkenntnis, die ihr in Auseinandersetzungen gewinnt, zu stellen, sie zu achten, die Dinge anzuerkennen, wie sie sind. Dann erst kann Veränderung geschehen. Wenn euch jemand immer wieder zurückweist, kann es sein, dass ihr seinen Raum nicht achtet, während ihr selbst nur das Gefühl habt, abgelehnt, nicht geachtet, nicht erwünscht zu sein. Wenn ihr euch dann nur über das Verhalten des anderen aufregt, lenkt ihr euch von eurem eigenen Gefühl ab, ihr macht zudem den anderen leicht für euer Gefühl verantwortlich. Eure Gefühle unterliegen jedoch immer eurer eigenen Verantwortung, ob euch das schmeckt oder nicht. Wann immer ihr euch in Gedanken bei der anderen Person aufhaltet, lenkt ihr euch von eurem Fühlen ab, lenkt ihr euch von euch selbst ab und lasst euch wieder im Stich, so wie ihr als Kinder im Stich gelassen worden seid. Ihr wiederholt die alte Verletzung, die alte Missachtung, die alte Vergewaltigung immer und immer wieder, bis ihr bewusst werdet, Stück für Stück.

Hört auf, eure Umwelt für eure Gefühle verantwortlich zu machen. Übernehmt selbst die Verantwortung für eure Gefühle, achtet sie, nehmt sie wahr, nehmt sie an, dann können sie sich verändern, weil ihr heilen könnt.

Solange ihr einen anderen Menschen verändern wollt, gesteht ihr ihm nicht zu, selbst lebenstüchtig zu sein. Solange ihr andere Menschen verantwortlich macht für eure Gefühle, seid ihr nicht bereit, die Verantwortung für euer Leben zu übernehmen. Solange ihr andere nicht akzeptieren könnt, wie sie sind, mit allem, was sie sind, könnt ihr euer Herz noch nicht für die Liebe öffnen. Solange ihr euch selbst nicht sein lassen könnt mit allem, was ihr seid, solange habt ihr noch nicht den Schlüssel für euer eigenes Herz gefunden. Denn euer Herz hat Mitgefühl, hat Erbarmen, hat Verständnis für euch, für all eure Anteile, auch für die, die ihr noch nicht sehen wollt. Euer Herz lässt sein, euch selbst und alle anderen, denn euer Herz nimmt an, was ist. Euer Herz urteilt nicht, euer Herz will nicht verändern, euer Herz nimmt an, was ist. Euer Herz ist der Quell der Liebe, der euch in jeder Sekunde eures Seins zur Verfügung steht. Öffnet euer Herz immer wieder für euch selbst, und ihr öffnet es immer wieder für die Welt.

25   *Den Zugang zur inneren Weisheit erlangen*

Nehmen wir noch ein Beispiel zu Hilfe. Nehmen wir an, ihr versucht immer wieder, einer anderen Person klarzumachen, was euch an dieser Person stört. Ihr macht ihr bewusst keine Vorwürfe, sondern ihr verpackt eure Kritik in Erklärungen, wie ihr euch wann fühlt. Das heißt, ihr vermittelt der anderen Person immer wieder, dass ihr euch in euren Gefühlen nicht gesehen fühlt. Doch dabei missachtet ihr ein Grundgesetz der Kommunikation. Ihr versucht, eine Situation zu klären und argumentiert scheinbar auf der Ebene der Verhaltensweisen der beteiligten Personen. Solange ihr aber eigentlich im Kern der Sache der anderen Person nur sagen wollt, dass ihr wahrgenommen und gesehen werden wollt, dass ihr furchtbare Angst habt, nicht wirklich gesehen zu werden, nicht akzeptiert zu werden, so wie ihr seid, könnt ihr unendlich argumentieren. Die Kommunikation kann nicht erfolgreich verlaufen, da sie im Grunde auf zwei Ebenen gleichzeitig verläuft. Selbst wenn die andere Person offen sein sollte für eure Argumente, wird sie sehr schnell nicht mehr in der Lage sein, auf eure Argumente einzugehen, da sie intuitiv spürt, dass etwas von ihr erwartet wird, das sie nicht liefern kann. Sie kann eure Angst nicht heilen, sie kann eure Bedürftigkeit nicht stillen. Solange sie versucht, auf der Sachebene auf euch einzugehen, wird sie nicht sehr weit kommen, da auch, wenn sie all eure Argumente nachvollzogen hat, eure Bedürftigkeit noch nicht gestillt ist, und sie sehr schnell das Gefühl bekommt, es euch nicht recht machen zu können. Sie kann versuchen, das, was ihr von ihr wünscht, zu erfüllen, sie wird jedoch niemals in der Lage sein, euer wahres Bedürfnis zu stillen. Und so ist es nicht verwunderlich, dass die andere Person sich in einer solchen Situation zunehmend unwohl fühlt, da sie mehr und mehr das Gefühl bekommt, nicht zu wissen, was eigentlich von ihr gewünscht wird. Das Ergebnis wird sehr wahrscheinlich sein, dass der andere irgendwann ärgerlich wird, da er vergebens versucht, auf euch einzugehen. Und spätestens dann habt ihr wieder das Gefühl, der anderen Person nicht erklären zu können, was ihr möchtet. Und genau das ist der Fall.

Je öfter ihr versucht, der anderen Person zu „erklären", was „falsch" läuft, desto weniger Bereitschaft wird die andere Peron zeigen, auf euch einzugehen, bzw. desto eher wird sie ärgerlich reagieren, da sie sich ständig von euch überfordert fühlt.

In dem Augenblick, in dem ihr klar erkennt, dass es letztlich eure Angst ist, nicht gesehen zu werden, nicht anerkannt zu werden, könnt ihr aufhören, eure Angst auf der Sachebene bekämpfen zu wollen. Sie lässt sich nicht auf der Sachebene bekämpfen, sie lässt sich nicht bekämpfen, sie lässt sich nicht wegreden. Sie ist da, ob ihr das wollt oder nicht. Und sie will gesehen werden. Sie wird sich solange zeigen, bis ihr sie erkennt, sie anerkennt, immer wieder anerkennt und authentisch werdet in euren Worten und Taten. Dann erst kann eure Kommunikation gelingen, dann erst werdet ihr in der Lage sein, wirklich Sachargumente vorzubringen, ohne gleichzeitig auf einer anderen Ebene etwas ganz anderes zu wollen. Und dann werdet ihr erstaunt sein, wie offen der andere auf euch reagieren kann. Solange er eure Angst im Verborgenen wahrnimmt, wird er nicht offen auf euch zugehen können, da er sehr genau spürt, dass er eure Angst nicht heilen kann. Solange er von euch Bedürftigkeit erfährt, die nicht in seine Zuständigkeit fällt, wird er sich mehr und mehr zurückziehen, um nicht überfordert zu werden.

Und genau das ist es, was ihr „braucht" in so einem Augenblick. Ihr braucht es, um bewusst werden zu können, um den Schmerz des Verlassen-werdens, des Zurückgewiesen-werdens noch einmal spüren zu können, ihn ganz bewusst spüren zu können, ohne das Bestreben, ihn um jeden Preis zu vermeiden. Denn das ist, was ihr normalerweise tut, ihr versucht, Situationen zu vermeiden, in denen der alte Schmerz aktiviert wird. Ihr versucht, den Schmerz gar nicht erst hochkommen zu lassen, indem ihr eure Umwelt zu manipulieren versucht. Aber genau das funktioniert auf Dauer nicht. Irgendwann lässt sich nichts mehr manipulieren, irgendwann ist der alte Schmerz dran, und eure Umwelt wird euch ermöglichen, den alten Schmerz ungeschminkt zu fühlen, in seiner ganzen Heftigkeit. Je eher ihr in einer solchen Situation eures Schmerzes gewahr werdet, je eher ihr bereit seid, die volle Verantwortung für euren Schmerz zu übernehmen, niemanden mehr dafür verantwortlich zu machen, indem ihr erklärt, zerredet, ausweicht, desto eher könnt ihr ihn auch ganz annehmen. Und dann könnt ihr euch sogar mit eurem Schmerz und mit eurer Angst zeigen. Und jedes Mal, wenn das geschieht, geschieht Heilung in euch. Jedes Mal, wenn das geschieht, erlangt ihr ein bisschen mehr Freiheit in euch. Jedes Mal, wenn das geschieht, werdet ihr ein Stück erwachsener, ein Stück unabhängiger, ein Stück eigenverantwortlicher. Jedes Mal, wenn das geschieht, können Bewusstseinsanteile von euch von Licht durchflutet und geheilt werden, und die in ihnen verborgene Kraft kann im wahrsten Sinne des Wortes ans Licht kommen und von euch gelebt werden. So werdet ihr mit jedem Mal ein Stück erleuchteter, ein Stück reifer, ein Stück weiser, denn mit jedem neu erschlossenen Bewusstseinanteil wird es euch leichter, Zugang zu eurer inneren Weisheit zu erlangen. Und ganz nebenbei wird eure Kommunikation klarer und erfolgreicher, wird euer Zusammenleben mit anderen Personen leichter und freudvoller.

Mit jedem Schritt neu erfahrener Bewusstheit wird euer Leben leichter und freudvoller, erfolgreicher und friedvoller, denn ihr werdet mehr und mehr eins in euch. Das ist euer Ziel, das ist der Grund für euer Dasein, das ist der Grund für euer irdisches Leben. Ihr werdet mit jedem neuen Tag mehr und mehr eins in euch, denn ihr werdet immer lichter, ob ihr das merkt oder nicht. Wenn ihr die Dinge jedoch bewusst in Angriff nehmt, kommt ihr leichter ans Ziel. Ihr müsst dann nicht so viel leiden, ihr könnt dann viel mehr genießen, was das Leben euch schenkt, jeden Tag neu.

26   *Die verdrängten Anteile befreien*

Lassen wir uns noch einmal ganz darauf ein, auf die Erkenntnis, dass alles in unserem Leben unserer eigenen Verantwortung unterliegt, alles, ohne Ausnahme. Sämtliche Leiden, eingebildete oder wirklich gefühlte, unterliegen unserer Eigenverantwortung.
Und das heißt, viel ist schon gewonnen, wenn wir uns auf uns selbst besinnen, wenn wir aufhören, zu überlegen, was andere ändern könnten, damit es uns besser geht.
Die Welt ist nur ein Spiegel dessen, was wir in uns tragen.
Wir können das nicht oft genug wiederholen.
Denn erst, wenn wir bereit sind, diese Eigenverantwortung auch wirklich voll und ganz zu übernehmen, sind wir in der Lage, unsere Schöpfermacht anzuerkennen.
Nehmen wir wieder ein Beispiel zu Hilfe.
Stellt euch vor, ihr habt bereits ein ganzes Stück eurer Eigenverantwortung übernommen, indem ihr ganz bewusst an bestimmten Themen in eurem Leben arbeitet, zum Beispiel dem Thema Wut. Ihr seid euch der Tatsache bewusst, dass tief in euch noch eine mörderische Wut schwelt, die in Augenschein zu nehmen ihr noch nie den Mut hattet. Ja, den größten Teil eures Lebens habt ihr damit verbracht, diese Wut sehr erfolgreich zu unterdrücken. Und dennoch hat sie euch euer ganzes Leben vermiest, da sie es euch unmöglich gemacht hat, euer Leben in Freude zu genießen. Immer hat da etwas in euch gegrollt, in euch rumort, in euch reagiert, wenn die Dinge nicht so ganz nach eurer Vorstellung gelaufen sind. Und ihr habt niemals ganz verstanden, warum ihr immer so unzufrieden seid.
Nun, ihr wart nicht im Frieden mit euch und eurer Umwelt. Und so konntet ihr auch nicht zufrieden sein. Solange noch diese Wut in euch schwelt und auf Erlösung wartet, wird sie jede

Gelegenheit beim Schopfe packen, um ans Licht zu gelangen. Bei jeder sich bietenden Gelegenheit wird sie sich bemerkbar machen, denn die Kraft, die dahinter verborgen ist, die all die Jahre unterdrückt worden ist und noch nie von euch gelebt werden konnte, hat nur ein Ziel: sich zu befreien, euch zu befreien, damit ihr endlich in eurer ganzen Freiheit und Kraft leben könnt, damit ihr endlich euer ganzes Potenzial erschließen könnt und eure volle Schöpfermacht endlich leben könnt.

Nun seid ihr also bereit, euch eurer Wut zu stellen, einem eurer furchterregendsten Drachen.

Und was passiert? Menschen, die euch nahestehen, die in eurem Familiensystem einen wichtigen Platz einnehmen und dieses Thema, dieses Familienthema, noch nicht gelöst haben, reagieren plötzlich auf eine seltsame Weise. Als wären sie über Energiestränge mit euch verbunden, nehmen sie euer Thema auf, das auch ihr unerlöstes Thema ist, und reagieren auf der körperlichen Seite, manchmal auf lebensbedrohliche Weise. Ihr Körper zeigt die Auseinandersetzung mit dem noch nicht erlösten Thema, und zwar bevorzugt dann, wenn ein anderes Familienmitglied sich dem unerlösten Thema stellt.

Nun, ihr seid energetisch miteinander verwoben, eure Familienbande existieren wirklich, selbst wenn auf der körperlichen Ebene über Jahre kein Kontakt mehr bestanden hat.

Alles, was ihr euch anschaut, alles, was ihr in euch bearbeitet, wird Auswirkungen haben auf all die Familienmitglieder, die von demselben Thema betroffen sind, bzw. es an euch weitergeleitet haben.

Sie nehmen sozusagen die Chance wahr, ein Thema zur Erlösung zu bringen, das in ihnen nur darauf gewartet hat, erlöst zu werden, das sie aber aus eigener Kraft zu lösen nicht imstande waren.

Die Tendenz, die sich dann in vielen von euch zeigt, ist die Angst, nicht das Recht zu haben, euch euren Themen zu stellen, wenn dann andere dafür „leiden" müssen.

Sie haben ihr ganzes Leben schon an diesem Thema gelitten, ohne dass ihr etwas dazu beigetragen hättet! Sie haben ihr ganzes

Leben bereits von dieser großen Wut vergiften lassen. Und nun ergibt sich für sie die Chance, sich von diesem Übel zu befreien, sich endlich zu entgiften – über die körperliche Ebene. Welch wunderbare Chance! Welch wunderbare Gelegenheit! Das, was wie eine Katastrophe aussieht, wie ein schlimmes Leiden, ist in Wahrheit eine wunderbare Chance, endlich Bewusstseinsanteile zu befreien und zu durchlichten.

Das heißt, indem ihr eure eigenen Themen bearbeitet, euch euren eigenen verdrängten Anteilen stellt, um eure wahre Kraft zu befreien, gebt ihr anderen Menschen die Gelegenheit, sich selbst auf ihre eigene Weise zu befreien. Ihr seid nur Katalysator, der die Dinge ins Rollen bringt, weil ihr den Mut habt, euch zu stellen. Damit unterbrecht ihr eine lange Linie der Verstrickungen, des Leids, und dafür gebührt euch große Achtung.

Wir wiederholen es noch einmal: Indem ihr die Verantwortung für euch selbst übernehmt, eure eigenen Themen anschaut, erleichtert ihr anderen ihren Weg der Befreiung von alten Knebeln.

Und so können wir euch nur immer wieder ermutigen, euch zu stellen, euch aufzumachen, um all eure unbewussten Anteile zu befreien, euch nicht von eurem Weg abbringen zu lassen, weil ihr meint, ihr fügt anderen Leid zu, indem ihr euch um euch selbst kümmert. Das Gegenteil ist der Fall.

In unserem Beispiel der mörderischen Wut kann es zum Beispiel geschehen, dass schwerwiegende entzündliche Prozesse ablaufen, die den Körper sehr in Mitleidenschaft ziehen. Hier tobt dann der Kampf, der im Leben nie ausgetragen wurde, auf der körperlichen Ebene.

Lasst euch davon nicht beirren, lasst euch davon nicht von eurem Entschluss abbringen, euch *eurer* Wut zu stellen, in eurer ureigenen Weise. Nur das unterliegt eurer Verantwortung, nicht der Kampf der anderen.

Stellt euch eurem Thema, eurer Wut, in dem Vertrauen, dass ihr selbst dadurch Befreiung erlangt, dass ihr selbst sehr viel Zufriedenheit erlangt, sehr viel mehr im Frieden sein werdet und dass ihr gleichzeitig, sozusagen als Nebenprodukt, anderen euch nahestehenden Menschen die Gelegenheit bietet, sich selbst zu befreien.

Habt den Mut, euch zu stellen, der Lohn ist euch gewiss.

27   *Die Hilfe erbitten*

Nehmen wir uns noch ein Beispiel vor.

Stellt euch vor, ihr habt an einem eurer alten Themen gearbeitet, einem Selbstwertthema. Ihr habt allein oder mit der Hilfe eines Therapeuten herausgefunden, wo die Ursache für euer Minderwertigkeitsgefühl liegt, wo die Ursache dafür liegt, dass ihr euch so häufig wie abgeschnitten von der Welt fühlt. Ihr habt gefühlt oder in Form innerer Bilder „gesehen", zu welchem Zeitpunkt in eurer Kindheit ein Gefühl entstanden ist, ein Gefühl eingefroren wurde, das nun jede Gelegenheit wahrnimmt, an die Oberfläche eures Bewusstseins zu gelangen. Ihr seid nun in der Lage, Frieden zu schließen mit diesem Gefühl. Ihr könnt es noch einmal ganz und gar fühlen, es in seinem Sein erfassen, es akzeptieren als das, was es ist: eingefrorene Energie, eingefrorene Kraft eurer selbst, die sich nun befreien möchte, damit ihr mehr und mehr ein Leben in Freude und Leichtigkeit genießen könnt, statt immer und immer wieder alten Schmerz zu erfahren und zu durchleben und in ihm festzustecken. Je mehr ihr in einer alten Schmerzsituation festhängt, je mehr ihr euch als Opfer der Situation fühlt, je mehr ihr euch verteidigt und damit in die Täter-Mentalität wechselt, desto häufiger erschafft ihr euch neue Situationen der gleichen Art. Denn je häufiger sich in euch das Gefühl zeigt, ohne wirklich erlöst zu werden, desto stärker wird es in euch verankert, bis es euch wirklich ganz und gar reicht und ihr es mit all eurem Wollen loswerden wollt. Dann habt ihr es so oft gefühlt, dass ihr es sozusagen in und auswendig kennt und ihr habt im wahrsten Sinn des Wortes genug davon. Dann seid ihr endlich bereit, es in eurem Leben anzuerkennen, um dann den Entschluss zu fassen, euch dieses „Problems" zu entledigen. Dann seid ihr bereit, zum Beispiel um Hilfe zu rufen, auch wenn ihr nicht wisst, an wen ihr euch wenden sollt. Irgendeine Instanz in euch weiß ganz einfach, dass es nun Zeit ist, um Hilfe zu rufen, und so tut ihr es, ohne dass euer Verstand so recht folgen kann.

Nun, in dem Augenblick, in dem ihr die Kontrolle loslasst, indem ihr endlich zulasst, dass ihr Hilfe erhalten könnt, indem ihr euch an „etwas" wendet und um Hilfe bittet, in dem Augenblick kann Hilfe zu euch kommen. Und dann kann Heilung sehr, sehr schnell geschehen, sehr viel schneller, als ihr euch das mit eurem Verstand vorstellen könnt.

In dem Augenblick, in dem die Bereitschaft zur Erkenntnis und zur Veränderung vorhanden ist, in dem Augenblick erschafft ihr selbst Veränderung, erschafft ihr selbst Heilung. Indem ihr um Hilfe bittet oder um Hilfe ruft, erschafft ihr euch die Möglichkeit, Hilfe zu erhalten.

Das heißt, indem ihr Verantwortung übernehmt für eine Veränderung in eurem Leben, indem ihr bereit seid zur Veränderung, weil ihr in der Lage und bereit seid, auch die Verantwortung für eine Veränderung zu übernehmen, kann eine Veränderung bzw. eine Heilung sehr schnell eintreten.

Nehmen wir wieder ein Beispiel zu Hilfe.

Nehmen wir an, eine Person kann kaum noch laufen. Nehmen wir an, diese Person leidet an einer Hüftfehlstellung und leidet sowohl im Sitzen und Liegen als auch im Stehen an mehr oder weniger starken Schmerzen. Diese Person hat sich im Laufe der Zeit daran gewöhnt, gewisse Dinge in ihrem Leben nicht mehr in Angriff nehmen zu können, zum Beispiel lange Wanderungen, Klettertouren, ausgelassenes Tanzen. Nehmen wir an, die genannte Person tanzt für ihr Leben gern, und wann immer ihr bewusst wird, dass sie nicht mehr lange tanzen kann, ohne furchtbare Schmerzen zu leiden, leidet sie innerlich.

Nun hat diese Person aber auch gelernt, dass sie auch andere Dinge in ihrem Leben nicht mehr so gut bewerkstelligen kann, zum Beispiel einkaufen, und hat sich daran gewöhnt, diese ihr schwer fallenden Aufgaben anderen Familienmitgliedern zu überlassen. Damit hat sich auch eine bestimmte Bequemlichkeit eingestellt, denn es ist ja auch ganz angenehm, nicht so viel Zeit beim Einkaufen verbringen zu müssen, wenn man sich zum Beispiel stattdessen einem guten Buch widmen kann. Das heißt, der Verzicht auf bestimmte Möglichkeiten im Leben bringt Erleichterungen auf ganz anderen Gebieten.

Natürlicherweise möchte diese Person wieder schmerzfrei laufen, wandern, tanzen können. Sobald sie aber dazu wieder in der Lage wäre, müsste sie auch wieder andere Verantwortlichkeiten in ihrem Leben übernehmen, zum Beispiel gäbe es keinen Grund mehr, das Einkaufen anderen Familienmitgliedern zu überlassen, und es gäbe auch keinen Grund mehr, Rücksichten von anderen Familienmitgliedern zu verlangen oder zu erwarten.

Das allein reicht für die meisten Menschen aus, zwar eigentlich eine Verbesserung der Situation erreichen zu wollen, im Grunde ihres Herzens aber entschlossen zu sein, alles beim Alten zu lassen, ja sogar eine Verschlimmerung der Symptome in Kauf zu nehmen, um nicht wieder die Gesamtverantwortung für ihr Leben übernehmen zu müssen.

Erst wenn ihr wieder in der Lage seid, Verantwortung zu übernehmen, erst wenn ihr wirklich entschlossen seid, die volle Verantwortung für euch und euer Leben zu übernehmen, und das heißt eben auch die Verantwortung für die Veränderungen in eurem Leben, erst dann seid ihr wirklich bereit für Veränderungen bzw. für die Heilung von euren Beschwerden.

Wenn ihr an einem solchen Punkt in eurem Leben um Hilfe bittet, können buchstäblich Wunder geschehen, weil ihr bereit seid für diese Wunder, weil ihr bereit seid, die volle Verantwortung für euer Leben und damit für die Veränderungen zu übernehmen, die sich aus den Wundern ergeben. Solange ihr euch der Verantwortung in eurem Leben verweigert, solange ihr nicht bereit seid, anzuerkennen, dass ihr selbst Herr und Meister eures Lebens seid, solange wird jede Instanz in euch daran erinnern, indem ihr alte schmerzliche Erfahrungen wieder und wieder erschafft und leidet, bis ihr euch entscheidet, die volle Verantwortung, die ihr eh seit Anbeginn der Zeit habt, bewusst zu übernehmen.

Dann kann euer Leben wahrlich freudvoll werden, friedvoll und freudvoll, wenn ihr endlich begreift, dass ihr selbst in jedem Augenblick eures Seins eure Wirklichkeit erschafft.

28 *Die Verbundenheit spüren*

Lassen wir das noch einmal Revue passieren: Erst wenn ihr bereit seid, die volle Verantwortung für euch und euer Leben, für all eure Gedanken und Gefühle, für jede kleinste Regung zu übernehmen, wenn ihr also nicht mehr dem Impuls nachgeht, euch zu rechtfertigen, euch zu verteidigen, gute Gründe für euer Verhalten vorzubringen, erst dann seid ihr in der Lage, euer Leben ganz und gar bewusst in die Hand zu nehmen.

Das erscheint euch utopisch?

Nun, es geht in diesem Fall nicht um die vollständige Kontrolle eures Lebens durch euren Verstand, nein, es geht vielmehr darum, dass ihr die Kontrolle aufgebt, damit dies geschehen kann. Indem ihr die Kontrolle aufgebt, indem ihr all eure festen Vorstellungen loslasst, wie ihr, wie euer Leben, wie das Verhalten der anderen auszusehen hat, seid ihr wirklich frei, frei, euren Impulsen in euch zu lauschen, euch uneingeschränkt von euren Impulsen leiten zu lassen, ohne Absicht, etwas Bestimmtes erreichen zu wollen in einer bestimmten festgelegten Art und Weise. Doch dazu müsst ihr achtsam sein, frei von eurem eigenen Willen, frei von den Vorstellungen eures Verstandes.

Nehmen wir wieder ein Beispiel zu Hilfe.

Stellt euch vor, jemand, der euch sehr nahesteht, hat endlich den Mut, euch klipp und klar zu sagen, was er von euch und eurem Verhalten hält. Nehmen wir an, diese Person hat jahrelang mit ihren Ansichten hinter dem Berg gehalten, weil sie sich nicht getraut hat, euch reinen Wein einzuschenken, da sie Angst vor eurer Reaktion hatte. Nun aber hat sie plötzlich den Mut und sagt euch deutlich ihre Meinung. Diese Person ist euch sehr wichtig, sie liegt euch wirklich am Herzen und auch ihr Wohlwollen, ihre Achtung liegen euch am Herzen.

Wie reagiert ihr?

Im Normalfall löst das Verhalten des anderen ein altes Gefühl in euch aus und eure Tendenz ist es, euch zu verteidigen. Das ist noch die harmlose Variante, wenn die Kritik sehr hart und ablehnend ausfällt.

Wenn ihr nun aber sozusagen eine Schicht tiefer spüren könnt, euch auf euer Herz einlassen könnt, und zwar auf die Verbundenheit in eurem Herzen, dann kann Folgendes geschehen, ohne dass ihr dafür viel zu tun bräuchtet:

Wenn ihr euch wirklich auf euer Herz einlasst, auf euer geöffnetes Herz, das sowohl Raum bietet für euch und eure Gefühle als auch für den anderen und seine Gefühle, kann es geschehen, dass durch die Verbundenheit eures Herzens eine Erkenntnis in euch fühlbar wird, ja, fühlbar wird, denn mit dem Verstand ist diese Erkenntnis nur begrenzt zu erlangen. Diese Erkenntnis besteht darin, dass euch plötzlich, vielleicht nur für den Bruchteil einer Sekunde klar wird, dass der andere nur ein Teil von euch ist, so wie ihr ein Teil von ihm seid, so wie ihr beide ein Teil des Ganzen seid, das unweigerlich zusammengehört. Das heißt, für den Bruchteil einer Sekunde kann es euch gelingen, auf die Ebene der Einheit in eurem Herzen vorzustoßen. Und dann kann ein Wunder geschehen, das Wunder der Einheit, welches ein Wunder der Liebe ist. Denn wenn ihr auf diese Ebene vorstoßen könnt, und sei es auch nur für eine zehntel Sekunde, dann ist es völlig unerheblich, was für eine Kritik der andere euch vorhält. Wenn ihr die Verbundenheit, die allem zugrunde liegt, spüren könnt, dann kann es geschehen, dass ihr die Liebe fühlt, die allem zugrunde liegt, die Liebe, die alles erschafft, die alles zusammenhält, die alles trägt. Und dann seid ihr in der Lage, von einer anderen Warte aus euch selbst und den anderen zu sehen. Dann könnt ihr seine Worte in euer Herz lassen, könnt sie in eurem Herzen bewegen und könnt gleichzeitig erfassen tief in euch, dass der andere nur den Teil zum Ausdruck bringt, den ihr schon lange in euch tragt. Und so ermöglicht er euch in seiner grenzenlosen Liebe, in euren Spiegel zu schauen, um Bewusstheit über euch selbst und die Einheit, Bewusstheit über das Spiel eures Lebens zu erlangen, wenigstens für einen kleinen Augenblick.

Je öfter es euch gelingt, mit der Verbundenheit eures Herzens in Berührung zu kommen, desto offensichtlicher wird das Gefühl der Einheit in euch werden und desto leichter wird es euch fallen, euch auch in eurem Tagesbewusstsein mehr und mehr der Tatsache bewusst zu sein, dass alles, was ihr tut, denkt, fühlt, von allen und allem gleichzeitig getan, gedacht und gefühlt wird, dass es also keine wirkliche Trennung gibt, sondern dass es nur das All-Eine gibt, das Untrennbare. Und je öfter ihr in der Verbundenheit eures Herzens verweilen könnt, desto leichter wird es euch fallen, mit euch selbst verbunden zu sein und zu bleiben, denn da ihr Teil des Ganzen seid, ist das Ganze auch in euch, und wenn ihr das Ganze wahrnehmen könnt, könnt ihr euch selbst auch ganz wahrnehmen, mit allen Aspekten eurer selbst, und desto mehr könnt ihr mit all euren Anteilen verbunden sein. Dann gibt es keine Trennung mehr in euch, dann seid ihr mit eurem ganzen Potenzial verbunden, dann seid ihr ganz und gar verbunden mit euch selbst. Dann ist es euch unmöglich, Teile von euch abzulehnen, und dann ist es euch auch unmöglich, Dinge im Außen abzulehnen. Dann seid ihr mit allem verbunden und alles darf sein, in euch und um euch. Dann seid ihr endlich frei.

Lasst euch nicht entmutigen, die Verbundenheit ist ein Geschenk, das euch zuteil wird, je mehr ihr euch euch selbst und all euren Anteilen zuwendet, je mehr es euch gelingt, euch nicht mehr für alles und jedes zu verurteilen. Dann, plötzlich werdet ihr die Verbundenheit mit allem spüren, erst für einen kurzen Augenblick, und dann immer häufiger. Und es wird wunderbar sein, euch verbunden zu fühlen mit allem in euch und um euch. Seid gesegnet.

29   Sich der Eigenverantwortung bewusst werden

Ja, lieber Leser, und damit kommen wir zur Quintessenz dieses Buches: Es geht einzig und allein um eure Eigenverantwortung in jedem Augenblick eures Lebens. Es geht darum, eure Eigenverantwortung zu übernehmen, ohne jedes Wenn und jedes Aber, denn nur wenn ihr eure Verantwortung für alles und jedes in eurem Leben erkannt habt, seid ihr auch in der Lage, bewusste Schöpfer eurer Lebenswirklichkeit zu werden.

Erst wenn ihr ohne jeden Widerstand, ohne jede Ausflüchte annehmt, dass ihr allein eure Wirklichkeit in jedem Augenblick eures Seins schöpft, seid ihr in der Lage, euch zu dem aufzuschwingen, was ihr immer schon wart: göttliche, unbegrenzte, großartige Wesen.

Dann seid ihr in der Lage, in der hohen Schwingung eures göttlichen Seins zu leben und zu erschaffen.

Stellen wir uns das einmal bildlich vor: Nehmen wir als Beispiel wieder das Wasser zu Hilfe, das wir in verschiedenen Aggregatzuständen kennen, als Wasser, als Eis, als Wasserdampf, je nachdem, welche Temperatur es hat bzw. welcher Energiezufuhr es ausgesetzt ist.

Wenn ihr in einer niedrig schwingenden Energie verweilt, seid ihr sozusagen eingefroren, oder besser ausgedrückt, euer Potenzial ist eingefroren, alles in eurem Leben verläuft langsam, sozusagen in Zeitlupe. Auch Entwicklung verläuft in so einem „Aggregatzustand" sehr langsam. Je mehr Energie ihr von außen zuführt, desto mehr beschleunigt sich euer Leben, nicht unbedingt im Außen, sondern mehr im Inneren. Das heißt, ihr habt das Gefühl, in derselben Zeiteinheit sehr viel mehr zu erleben als in einem niedriger schwingenden Zustand. Euch scheint die Zeit davonzulaufen. Und je mehr Energie ihr nun in euer System aufnehmt, je höher schwingende Energien ihr in euch aufnehmen und integrieren könnt, desto häufiger werdet ihr euch zunächst wundern, warum ihr so müde seid, euch so zerschlagen fühlt. Denn euer Körper muss sich sozusagen erst langsam an die höheren Schwingungen anpassen, um ganz natürlich in diesen energiereichen Schwingungen verweilen zu können. Je länger euch das gelingt, desto freier fühlt ihr euch, desto leichter scheinen die Dinge euch von der Hand zu gehen, und desto mehr und mehr seid ihr im Einklang mit eurem Lebensplan. Das heißt, je mehr ihr in der Lage seid, in hoch schwingenden Energien zu verweilen, desto beweglicher werdet ihr im Innen und damit auch im Außen. Ihr hängt dann nicht mehr an Äußerlichkeiten fest, sondern seid mehr und mehr flexibel, da ihr euch immer mehr bewusst werdet, dass eure einzige Sicherheit in euch liegt, in eurem Herzen, in der Liebe, die ihr seid. Das heißt, die Fähigkeit, sich mehr und mehr in einer hochschwingenden Energie aufzuhalten, hat automatisch zur Folge, dass ihr in einer erhöhten Bewusstheit verweilt und so in der Lage seid, die Dinge, die in eurem Leben geschehen und eure Reaktionen darauf in einem neuen Licht zu sehen. Somit habt ihr die Möglichkeit, anders als früher auf Situationen zu reagieren, ihr seid flexibler und eher in der Lage, sozusagen „angemessener" zu reagieren, denn die Spiegelungen der Welt sind euch bewusster und damit auch sofort eure Eigenverantwortung.

Und je mehr ihr in der Lage seid, eigenverantwortlich zu handeln, desto unabhängiger werdet ihr von äußeren Gegebenheiten. Ihr seid dann nicht mehr so schnell zu „kriegen", das heißt, alte Auslöser drücken nicht mehr eure „Knöpfe", oder zumindest nicht mehr in der gleichen Intensität. Und selbst wenn eure „Knöpfe" gedrückt werden, seid ihr sehr viel schneller in der Lage, das zu erkennen und könnt dann, wie gesagt, angemessen reagieren. Und so könnt ihr in neue Gefilde voranschreiten, Gefilde, von denen ihr noch nicht einmal eine Ahnung hattet.

Ihr habt euch nie vorstellen können, dass ihr auch im größten Trubel ganz bei euch sein und in völliger Ruhe sein könnt. Ihr habt euch nie vorstellen können, dass ihr mit vielen Menschen gleichzeitig arbeiten könntet. Ihr habt euch niemals vorstellen können, an verschiedenen Orten gleichzeitig sein zu können.

Nun, je feinstofflicher ihr werdet, je weniger dicht, ganz so wie der Wasserdampf, desto mehr könnt ihr die physischen Grenzen überwinden und in ganz neue Gefilde des Seins vorstoßen, auch wenn euer Verstand daran zweifelt.

Bleiben wir jedoch noch bei dem Beispiel das Wassers. Das Wasser kann, wenn es nicht schon gefroren ist, jegliche Form annehmen. Es braucht aber eine feste Form, die es annehmen kann. Das heißt, es kann nicht einfach in der Luft eine Form annehmen, es braucht sozusagen eine Schablone, eine Hüllform, die ihm Form verleiht.

Wenn wir das wieder mit eurem Sein vergleichen, so braucht die hochschwingende Energie, die ihr in Wahrheit seid, eine Form, um hier auf der Erde Form zu werden, Gestalt anzunehmen. Und diese Gestalt ist euer stofflicher Körper. Dieser Körper braucht immer wieder die Verbindung mit der Erde, um mit ihren Energien aufgeladen zu werden, und dies umso mehr, je höher die Energien eures Seins frei schwingen können. So wie Wasserdampf sich leicht verflüchtigt und kaum in eine Form zu bringen ist, so ist hoch schwingende Energie kaum noch in eine irdische Form zu bringen, es sei denn, die irdische Form wird immer wieder aufgeladen mit den Energien der Erde. Und so möchten wir euch hier ermutigen, euch immer wieder eurem irdischen Gefäß, eurem Körper zuzuwenden und ihn bewusst aufladen zu lassen von den Energien der Erde. Es geht nicht nur darum, immer durchlässiger zu werden für hochschwingende Energien, sondern es geht auch darum, einen Ausgleich zu schaffen in der irdischen Form. Je besser der Körper mit irdischen Energien versorgt ist, desto besser kann er hoch schwingende Energien aufnehmen. Das heißt, eine Bewusstwerdung, die einhergeht mit der Aufnahme hoch schwingender Energien, geht auch einher mit einem intensiveren Ankommen auf der Erde in einem stofflichen Körper, mit einem bewussteren Ankommen in einem bewussteren Sein auf der Erde.

Ziel dieses ganzen Prozesses ist die Bewusstwerdung, ist das sich seiner selbst Bewusst-Werden und damit das sich der Eigenverantwortung Bewusst-Werden.

So kann Schöpferkraft bewusst gelebt werden auf allen Ebenen des Seins, auch in einem stofflichen Körper.

30 *Die Göttlichkeit auf Erden leben*

Und wenn wir uns noch einmal die stoffliche Form eures Körpers genau ansehen, so können wir auch feststellen, dass jede einzelne Zelle sozusagen ein Motor in sich ist. Ein Motor, der sehr genau über die Intention des Ganzen informiert ist und auf das vorgegebene Ziel hinarbeitet. Wenn nun aber der bewusste Verstand in eine ganz andere Richtung arbeitet, ein ganz anderes Ziel verfolgt, weil er meint, bestimmte Interessen verfolgen zu müssen, so gibt es eine Diskrepanz zwischen der Intention der Zellen des Körpers und der Intention des Verstandes. Und das bedeutet eine Menge Reibungsverlust.

Wie kann sich der Körper dem Verstand verständlich machen? Wie kann er ihn davon überzeugen, dass es nicht lohnt, nicht wirklich lohnt, den Interessen des Verstandes nachzueifern? Welche Möglichkeiten hat er? Er kann nur „querschießen", er kann nur auf seine Art den Verstand zwingen, auf ihn zu hören. Und das heißt, einige Zellverbände „opfern sich", um eine Art Signal zu geben, um auch dem Verstand in mehr oder weniger drastischer Form klarzumachen, dass er sich auf dem Irrweg befindet. Denn wie wir schon gesagt haben, hat der Verstand gar nicht die Möglichkeit, alle Parameter in seine Überlegungen einzubeziehen. Er kann nur begrenzt in die Zukunft schauen, er kann nur begrenzt die Informationen aus der Geistigen Welt abrufen, er kann einfach nur in einem sehr begrenzten Maß die Dinge überschauen. Der Körper aber, bzw. eine jede einzelne Zelle, kann sich einschwingen auf den großen Plan. Und wenn der Verstand nicht so entsetzlich verbildet wäre, wenn er nicht jahrelang mit den „falschen" Informationen gefüttert worden wäre, so wäre er viel eher in der Lage, die Schwingungen der Zellen des Körpers aufzunehmen, um sich der Intuition zu öffnen und ganz einfach zu *wissen*, welcher Schritt der nächste sein *muss*, um dem großen Plan der Schöpfung zu entsprechen. Der Verstand ist grundsätzlich so angelegt, dass er dem Körper vertraut, dass er seine Signale, auch feinste Regungen, aufnimmt und verwertet. Ein Verstand, der mit Informationen von außen vernebelt ist, ist jedoch nicht mehr oder kaum noch in der Lage, die Signale des Körpers zu beachten. Deshalb muss der Körper so häufig mit schweren Geschützen auffahren, um den Verstand wieder an den Auftrag für dieses Leben zu erinnern: Bewusstwerdung, Entwicklung, Anerkennung der eigenen Göttlichkeit, bewusstes Schöpfertum.

Wie aber soll der Verstand schöpfen, wenn er immer wieder zweifelt, wenn er die eigene Schöpfermacht immer wieder in Frage stellt? Er kann erst bewusst schöpfen, wenn er die Schöpfermacht, die jedem Wesen innewohnt, erkannt hat, begriffen und akzeptiert hat. Dann erst kann er bewusst zurücktreten, um sich in den Dienst des göttlichen Willens auf Erden zu stellen. Dann erst kann er alle Zellen des Körpers bewusst einladen, sich mit ihm auf den göttlichen Willen, der allem innewohnt, einzuschwingen. Dann erst kann er im Einklang mit jeder Zelle des Körpers den göttlichen Willen aufnehmen, ihn empfangen, um ihn im Einklang mit der Erde in die Tat umzusetzen, in der irdischen Realität Wirklichkeit werden lassen.

Stellt euch einmal einen Körper vor, der im Einklang mit dem Verstand den göttlichen Willen empfängt und umsetzt! Stellt euch vor, wie jede einzelne Zelle dieses Körpers in der göttlichen Ordnung schwingt! Stellt euch vor, wie sie pulsiert, wie sie voller Lebenskraft ihren Beitrag leistet zum Gelingen des göttlichen Auftrags! Das ist Gesundheit! Denn das ist gelebte Einheit, die Einheit von Körper und Geist! Da schießt nichts mehr quer, da muss sich keine Zelle mehr opfern, um an den Willen des Göttlichen zu erinnern. Da gibt es keinen Energieabfall mehr, denn alle Zellen können auf Hochtouren laufen, können ihr Bestes geben, denn sie werden versorgt mit dem besten Treibstoff, den sie finden können: dem ungehinderten Fluss göttlicher, alles erhaltender Liebesenergie. Das ist wahres

Leben. Das ist wahre Gesundheit. Das ist Göttlichkeit gelebt auf Erden.

Ihr alle seid dazu in der Lage, ihr alle, ohne Ausnahme. Ihr müsst euch nur entscheiden, es zuzulassen, die göttliche Energie in euch pulsieren zu lassen, sie nicht mehr einzuschränken, sie nicht mehr zu unterdrücken. Diese Energie pulsiert bereits in euch, sonst wäret ihr gar nicht am Leben. Aber ihr lebt auf Sparflamme, auf kleinstmöglicher Sparflamme, zumindest viele von euch. Ihr gesteht euch nicht zu, dass ihr es wert seid, einfach versorgt zu werden, einfach von göttlicher, alles versorgender Energie durchströmt zu werden. Ihr zweifelt und hadert und klagt, dass es euch reiche. Welch Widerspruch! Es reicht euch nicht, da ihr euch nicht genug zugesteht. Euch steht alles zur Verfügung, zur freien Verfügung. Öffnet die Schleusen, öffnet euer Herz und lasst die göttlichen Liebesenergien fließen, jeden Tag, immer wieder. Lasst euch versorgen! Es kostet euch nichts! Es braucht nur ein bisschen Aufmerksamkeit, ein bisschen Achtsamkeit, ein bewusstes sich Öffnen für die göttlichen Energieströme. Das ist alles.

Warum nutzt ihr sie nicht? Warum kämpft ihr weiter und hadert, wo es doch so leicht gehen kann? Lasst euch jeden Tag versorgen von den Energien von Mutter Erde und den himmlischen Energien und ihr werdet staunen, was in eurem Leben alles geschehen kann.

Doch ihr müsst es auch tun! Es reicht nicht, es euch immer wieder vorzunehmen. Tut es, nehmt euch die Zeit, lasst euch versorgen und genießt, was ihr frei Haus erhaltet. Es ist so einfach.

Und so möchten wir euch einladen zu einer kleinen Übung, die es euch erleichtern soll, euch einzuschwingen auf den göttlichen Willen in euch.

Nehmt euch einen Augenblick Zeit ganz für euch. Zieht euch zurück von der Geschäftigkeit der Welt und macht es euch bequem. Achtet darauf, dass euer Rücken gerade ist, so dass es euch leichter fällt, ganz bei euch zu bleiben mit eurer ganzen Aufmerksamkeit.

Schließt nun die Augen und fühlt zu eurem Atem. Fühlt das Einatmen und das Ausatmen ganz in Ruhe, ganz bei euch.

Und stellt euch nun vor, wie ihr mit jedem Ausatmen alles Belastende an den Boden abgebt und wie ihr immer freier und leichter werdet. Alles fließt in euch, der Atem fließt leicht und ruhig. Alles ist gut.

Fühlt nun eure Füße, die Fußsohlen und öffnet sie mit dem nächsten Atemzug ganz weit, d.h. stellt euch vor, wie sich mit dem nächsten Atemzug eure Fußenergiezentren ganz weit öffnen und wie nun Wurzeln aus euren Fußsohlen tief in die Erde hineinwachsen und euch mehr und mehr im Hier und Jetzt verankern. Lasst euch Zeit, viel Zeit, um den Kontakt mit Mutter Erde mehr und mehr zu spüren und euch gut in ihr zu verankern.

Fühlt nun die Verlängerung eurer Wirbelsäule am Steißbein und fühlt, wie sich auch hier eine dicke, starke Wurzel bildet und tiefer und tiefer in die Erde hineinwächst und euch immer mehr mit der Erde verbindet, so dass ihr gut im Hier und Jetzt geerdet seid.

Und so kann es nun geschehen, dass die Energien von Mutter Erde in euch aufsteigen, über eure Wurzeln, eure Füße, euer Steißbein mehr und mehr in euch aufsteigen und all eure Zellen erfüllen, so dass ihr wunderbar mit den erdenden, harmonisierenden und stärkenden Energien von Mutter Erde versorgt seid. Lasst euch auch hierfür Zeit, viel Zeit, so dass ihr gut durchstrahlt und versorgt seid.

Spürt nun den Scheitelpunkt eures Kopfes und stellt euch vor, wie sich euer Kronenchakra weit öffnet, sich weiter und weiter öffnet, so dass nun die Energien der Himmel in euch hineinströmen können, um ihrerseits eure Zellen zu durchstrahlen und zu versorgen. Lasst einfach geschehen, ohne zu wollen, ohne verstehen und analysieren zu wollen. Lasst euch Zeit, viel Zeit, und genießt die wunderbaren, lichtvollen Energien, die sich mehr und mehr in euch ausbreiten.

Spürt nun euer Herzenergiezentrum und öffnet es mit dem nächsten tiefen Atemzug ganz weit, um es noch weiter zu öffnen, um die folgende Gebetsenergie tief in euch aufnehmen zu können.

Gottvater, Mutter Erde, mit der Inbrunst meines Herzens und mit meinem ganzen Sein danke ich für den Fluss alles versorgender, göttlicher Liebesenergien, danke ich für die Versorgung auf allen Ebenen meines Seins. Und mit der Inbrunst meines Herzens und mit meinem ganzen Sein öffne ich mich für den göttlichen Willen in mir und sage ja zu dem göttlichen Willen in mir. Der Wille Gottes und der Göttin geschehe in mir. Alles in mir ist bereit für den göttlichen Willen in mir, eine jede meiner Zellen nimmt nun den göttlichen Willen in mich auf, um ihn umzusetzen in meinem Leben. So sei es.

Göttlicher Segen umfängt euch nun, göttlicher Segen ergießt sich in euer Sein, göttlicher Segen hüllt euch ein.

31 *Das Sein bewusst erschaffen*

Und so möchten wir noch einmal auf die wichtige Rolle eures Körpers eingehen, bzw. auf das Zusammenspiel zwischen Körper und Geist. Wie wir bereits verdeutlicht haben, spiegelt der Körper alles, was in einer Seele vorgeht, auch die feinste Nuance. Jedes Ungleichgewicht, das sich durch eure Gedanken, Überzeugungen und Weltanschauungen ergibt, zeigt sich auch im Körper.

Nehmen wir wieder ein Beispiel zu Hilfe:
Stellt euch vor, ihr habt vor etwas Angst. Wie ihr wisst, zeigt sich das in eurem Atemgeschehen, der Atem wird flacher, verhaltener. Ihr haltet den Atem fest, und das zeigt euch, dass ihr auch im geistig-seelischen Bereich nicht loslassen könnt, insbesondere, wenn es um Existenzangst geht. Diese Angst kann sich in vielfältiger Weise zeigen, je nachdem, was Existenz für euch bedeutet. In jedem Fall aber zeigt sie sich in einer Anspannung, in einem Festhalten-wollen, in einem Nicht-loslassen-können, letztlich vom Sein in einem physischen Körper. Das Paradoxe ist jedoch dabei, dass ihr dem Körper die Zufuhr seiner wichtigsten Erhaltungsquelle abschneidet, indem ihr kaum noch atmet, wenn euch die Existenzangst packt. Denn da der Atem, der Odem, gleichzusetzen ist mit Lebenskraft, beschneidet ihr euch in eurer Lebenskraft, wenn ihr verhalten atmet. Und so schwächt ihr euch so sehr, dass euer Körper immer weniger Kraft hat, während ihr weiterhin sehr viel Kraft verbraucht, indem ihr festhaltet, mehr oder weniger alle Muskeln anspannt. Ihr werdet dabei immer enger, immer verkrampfter, so dass letztlich gar nichts mehr in euch frei fließen kann, nicht nur euer Atem.

Wenn ihr nun nicht „aufwacht", wenn ihr euch dieser Zusammenhänge nicht bewusst werdet, wird euer Körper dafür sorgen, dass ihr Zeit bekommt, um euch der Zusammenhänge bewusst zu werden, um dann loslassen zu können. Und wenn auch das nicht ausreicht, wird euch euer Körper zwingen, loszulassen, letztlich ganz loszulassen.

Doch bevor es dazu kommt, wird sich in eurem Körper mehr oder weniger deutlich zeigen, auf welchen Ebenen ihr nicht loslassen könnt, bzw. wie eure Angst im Leben aussieht. Wenn nämlich zum Beispiel die Atemmuskulatur in bestimmten Bereichen besonders stark verkrampft, weil ihr euch eine Last aufgebürdet habt, die Last, alles „gut" schaffen zu müssen, im Leben mutig und fehlerlos voranschreiten zu müssen, wird sich die Einschränkung nicht nur in der Atemmuskulatur zeigen, sondern auch im Hüftbereich, so dass das Voranschreiten erschwert wird, das tatsächliche Voranschreiten in eurem stofflichen Körper. Kleinste Verspannungen reichen aus, den ganzen Bewegungsapparat lahm zu legen, wenn der Geist nicht in der Lage ist, die Angst zu erkennen und zu transformieren. Dann hängt ihr im Leben fest, sozusagen auf allen Ebenen. Dann hilft es nicht, die Schritte zu forcieren, sich zu den nächsten Schritten im Außen zu zwingen. Dann hilft es nur, sich dem Atem zuzuwenden, um Hilfe und Beistand zu bitten und darauf zu vertrauen, dass der entsprechende Impuls und die entsprechende Hilfe sich zeigen. Dann wird euch vielleicht bewusst, welche Gedanken sich immer wieder einschleichen, welche Formulierungen ihr im Gespräch mit anderen immer wieder verwendet, die eure Situation zwar beleuchten, sie aber gleichzeitig zementieren, ohne dass ihr euch eurer Gedanken und Worte in der Situation bewusst wäret.

Alles, wir betonen, alles, was ihr denkt und fühlt, hat Auswirkungen auf euer Sein. Alles, was ihr denkt und fühlt, hat Auswirkungen auf euren stofflichen Körper, dieses Wunderwerk der Natur. Und immer ist euer Körper bestrebt, euch dazu zu verhelfen, bewusster zu werden, um mehr und mehr bewusst euer Sein erschaffen zu können, eure Wirklichkeit erschaffen zu können.

Ihr seid Herr und Meister eures Lebens, ihr allein.

Doch lasst euch nicht entmutigen, ihr erschafft nur Dinge, die eurem Sein entsprechen, die euch dazu verhelfen, immer bewusster zu erschaffen. Das ist euer Weg, der euch immer zum Ziele führen wird.

Das ist nichts für Ungeduldige, scheinbar nicht, denn auch die Ungeduldigen tragen viel Geduld in sich, ja, sogar besonders viel Geduld, wenn es um die Bewusstwerdung geht. Denn sie sind ja so ungeduldig, da sie mehr als alle anderen die Sehnsucht nach Erleuchtung, nach Bewusstwerdung in sich tragen, da sie „schnell" zum Ziel kommen wollen. Doch auch das macht ihnen ihr Körper bewusst, da er auf jedes innerliche Antreiben mit Verspannung reagiert. Und so zwingt ihr Körper sie geduldig zur Geduld, zum Annehmen dessen, was ist, zum Annehmen der Tatsache, dass alles seine Zeit hat.

Lasst euch Zeit, treibt euch nicht an, zu nichts. Alles hat seine Zeit. Auch ihr. Gebt sie euch, ganz bewusst, immer wieder, um zu erspüren, zu erfühlen, um zu sein, um mehr und mehr loszulassen in dem Vertrauen, dass ihr geführt seid, dass ihr versorgt seid, dass ihr niemals allein seid. Seid gesegnet.

32   *Die Herzenswünsche aufsteigen lassen*

Und noch einmal wollen wir uns eurem Körper zuwenden, dem Tempel eurer Seele. Denn das ist er wahrlich, wenn er auch sehr oft von euch nicht als solcher behandelt wird.

Könntet ihr nur sehen, was sich zu jeder Sekunde eures irdischen Lebens in euch abspielt, welches Wunderwerk an Technik sich da selbst am Leben erhält, ihr würdet vor Ehrfurcht in die Knie gehen. Ihr würdet gar nicht mehr aus dem Staunen herauskommen und ihr würdet jeden Tag in größter Achtsamkeit und Dankbarkeit mit eurem Körper umgehen. Denn, wir wiederholen es noch einmal: Nur in eurem Körper seid ihr in der Lage, dieses Leben auf Erden zu führen, nur in diesem Wunderwerk der Natur ist es euch möglich, in der Dualität Erkenntnisse und Bewusstheit in einem stofflichen Körper zu erlangen, nur über die pausenlosen Rückmeldungen und Hinweise eures Lebensgefährts habt ihr sozusagen eine ständige Rückkopplung. Ihr denkt etwas, und euer Körper reagiert. Ihr seht etwas, hört etwas und fühlt etwas, und euer Körper reagiert. Ihr imaginiert etwas und euer Körper führt es aus, selbst wenn ihr es euch nur bildlich vorstellt und es fühlt. Wenn ihr euch zum Beispiel lebhaft vorstellt, einen Lauf zu absolvieren, dann arbeiten eure Muskeln auf der energetischen Ebene und damit auch auf der stofflichen Ebene, als wenn ihr diesen Lauf tatsächlich absolvieren würdet. Eure Wissenschaftler können die Muskelaktivität im Labor messen, auch wenn ihr in Wirklichkeit keinen Schritt vor den anderen setzt.

Ist euch klar, was das auch auf der physischen Ebene eures Seins bedeutet? Was immer ihr denkt, imaginiert und mit reichlich Gefühl verseht, wird sofort und ohne Verzögerung von eurem Körper in die Materie umgesetzt, das heißt, in ganz klar zu messende und zu „beweisende" physikalische (und chemische)

Phänomene. Und das nicht nur in eurem Körper, sondern auch in dem euch umgebenden Energiefeld. Und damit setzt ihr einen Strom in Bewegung, der genau das zu euch bringt, was ihr in Gang gesetzt habt.

So erschafft ihr pausenlos, mit jedem Gedanken, mit jedem Gefühl. Ihr seid unbegrenzt in der Möglichkeit, zu erschaffen.

Das bedeutet Schöpfermacht.

Doch was erschafft ihr? Ihr träumt von einem Mercedes und erschafft einen Kleinwagen und beschwert euch, dass die Welt so ungerecht ist. Dann erschafft doch einen Mercedes, wenn das wirklich für euch so wichtig ist.

Doch ist der Mercedes wirklich so wichtig für euch? Ist es nicht eher das Gefühl, einen Mercedes besitzen zu können, das ihr euch wünscht? Das Gefühl, unbegrenzt zu sein, *das* unbegrenzt erschaffen zu können, was ihr gerade braucht und an dem ihr Freude habt? Unbegrenzt die Anerkennung zu erfahren, nach der ihr euch schon ein ganzes Leben lang sehnt?

Dann stellt sie euch vor, die Freude, die Fülle, die Anerkennung. Fühlt genau das, was ihr euch wünscht, stellt es euch vor und fühlt, so wie den Lauf, den eure Muskeln sofort vollziehen, wenn ihr ihn euch nur intensiv genug vorstellt.

Stellt euch einfach immer wieder vor, wie ihr in der Freude seid, und ihr werdet Freude fühlen.

Probiert es aus. Stellt euch vor, wie ihr zum Beispiel gemütlich am Kamin sitzt, wie ihr mit lieben Menschen fröhlich und zufrieden ein Frühstück einnehmt in einem wunderbaren Raum. Stellt euch vor, was immer euch Freude bereitet, und genießt. Eines können wir euch versichern: Wenn ihr euch wirklich mit eurem ganzen Gefühl hineinbegebt in die Fülle, werdet ihr sie auch fühlen können, und so werdet ihr mitten in der schwierigsten Situation lächeln, ihr werdet euch entspannen, ihr werdet viel weniger Energie verbrauchen und euer Körper wird sich mit einem Seufzer der Erleichterung erholen.

Nehmt euch Zeit, immer wieder. Ihr müsst nicht durch euer Leben hetzen. Nehmt euch Zeit und genießt die wunderbarsten Vorstellungen. Und wundert euch nicht, wenn sie wahr werden.

Und so laden wir euch wieder ein zu einer kleinen Übung, die es euch erleichtern soll, bewusster zu erschaffen, bewusster das zu erschaffen, was euch persönlich Freude bereitet, was euch persönlich erfüllt.

Macht es euch wieder bequem, achtet darauf, dass euer Rücken aufrecht ist, damit ihr bewusster und achtsamer bleiben könnt, und beobachtet eine Weile euren Atem. Wendet euch mit eurer ganzen Aufmerksamkeit eurem Atem zu und genießt ganz einfach jeden einzelnen Atemzug ganz in Ruhe, ganz bei euch.

Und während der Atem nun immer ruhiger fließt und sich euer ganzer Körper mehr und mehr entspannt, öffnet ihr mit dem nächsten tiefen Atemzug eure Fußenergiezentren ganz weit, so dass ihr euch gut mit der Erde verbinden könnt, indem ihr euch zum Beispiel vorstellt, wie Wurzeln ganz von selbst aus euren Fußsohlen tief den Weg in die Erde suchen und euch mehr und mehr im Hier und Jetzt verankern.

Und während ihr weiter euren Atem beobachtet, öffnet ihr mit dem nächsten tiefen Atemzug all eure Energiezentren ganz weit, um den euch begleitenden Engeln und Lichtwesen die Möglichkeit zu geben, euch mit ihren wunderbaren, harmonisierenden Energien zu versorgen und zu durchstrahlen.

Und so öffnet ihr nun euer Herzenergiezentrum und euer drittes Auge ganz weit, und lasst ganz einfach Bilder, Gefühle, Gedankenfetzen in euch aufsteigen, denen ihr zunächst einmal nicht viel Beachtung schenkt. Ihr lasst euch immer weiter auf euer weit geöffnetes Herz ein und bittet es nun, Herzenswünsche in euch aufsteigen zu lassen, sie ganz klar sichtbar oder fühlbar werden zu lassen, während ihr weiterhin mit eurem Atemgeschehen verbunden bleibt.

Und so überlasst ihr euch für eine Weile eurem eigenen Herzen und genießt die Bilder oder Gefühle, die in euch aufsteigen, ganz in Ruhe, ganz bei euch, ohne jede Erwartung. Ihr genießt ganz einfach, ihr lasst ganz einfach geschehen und vertraut fest darauf, dass sich eure Herzenswünsche zu ihrer Zeit verwirklichen.

Denn eure Herzenswünsche sind eure Herzenswünsche, weil sie dem entsprechen, was ihr euch vor dem Eintritt in dieses

Leben vorgenommen habt. Eure Seele hat sie nicht vergessen. Sie sind tief in euch gespeichert und warten darauf, die Gelegenheit zu erhalten, sich umsetzen zu können in der Wirklichkeit eures Lebens. Darum lasst geschehen, lasst euch ein auf die Weisheit eures Herzens, auf die Visionskraft eures Herzens und genießt bereits in vollen Zügen, was sich in eurem Leben umsetzen will. Genießt ohne Einschränkung, genießt, als ob das, was ihr in eurer Vorstellung erlebt, bereits gelebte Wirklichkeit wäre, und es wird eure Wirklichkeit sein, ohne jeden Zweifel.

Atmet noch ein paar Mal tief ein und aus, streckt und räkelt euch wohlig und genießt noch eine kleine Weile das erhebende Gefühl, bereits am Ziel eurer Träume angelangt zu sein.

33   *Die Meisterschaft über das Leben erringen*

Ja, lieber Leser, wie du siehst, geht es letztlich immer wieder um deine Eigenverantwortung, um deine Entscheidung, um deine Wahl. Du allein bestimmst dein Leben, du allein bestimmst, welchen Gefühlen, welchen Gedanken du dich stellen, dich hingeben willst, welchen Gedanken und Überzeugungen du in deinem Leben Raum geben willst. Du allein entscheidest, ob du dich einlässt auf deine Seele, auf dein Herz, auf deine innere Stimme, wie immer du das nennen willst. Du entscheidest, ob du dich einlässt auf deinen Lebensplan, ob du deinen Herzenswünschen und -visionen Raum gibst, sie in dir aufsteigen lässt, ob du den Mut hast, hinzuschauen, hinzufühlen, um dich dir selbst und deinem Potenzial zuzuwenden. Denn das könnte heißen, dein bisheriges Leben vollkommen umzukrempeln, ganz anderen Dingen Raum zu geben als bisher. Das könnte heißen, Abstand zu nehmen von altem Sicherheitsdenken und dich einzulassen auf ganz neue Erfahrungen in deinem Leben. Das könnte heißen, Vertrauen zu lernen in deinem Leben, Vertrauen in das Getragen- und Geführt-Sein in jedem Augenblick deines Lebens. Und das könnte eine ganz gewaltige Herausforderung für dich sein.

Wann immer ihr alte Pfade verlasst, ohne den neuen Weg zu kennen, macht sich Angst in euch breit. Aber wann immer ihr alte Pfade verlasst, ergibt sich auch die Chance, euer Potenzial tiefer auszuloten, neue Erfahrungen zu machen und den Spielraum eurer Möglichkeiten zu erweitern. Wenn ihr immer nur auf der Stelle tretet, ermüdet ihr irgendwann, ihr gebt auf, ihr habt keinen Mut mehr, Neues zu versuchen. Und dann beginnt ihr, alt zu werden, einzurosten, festzuhängen in altbekannten Bahnen, obwohl eure Seele euch immer wieder, wenn auch immer schwächer, daran zu erinnern versucht, dass ihr euch noch etwas anderes vorgenommen hattet.

Es geht nicht darum, noch etwas zu erreichen, weil andere es von euch erwarten, weil ihr Erfolg haben solltet, um anerkannt zu werden in eurem Leben. Es geht darum, das zu tun, was ihr euch vorgenommen hattet, das herauszufinden, was euer eigentliches Ziel für dieses Leben war:

Eure Meisterschaft zu erringen über euch und euer Leben.

Das ist der Grund für euer Leben, dafür seid ihr hierher gekommen, dafür habt ihr all die Mühen auf euch genommen. Und eure Seele verfolgt diesen Plan immer noch, auch wenn euch das nicht bewusst ist. Ihr wolltet Herr und Meister über euch und euer Leben werden. Das habt ihr entschieden. Das ist euer Ziel, immer noch.

Und so möchten wir euch wieder einladen zu einer kleinen Übung, die dieses Ziel wieder in euch aktivieren soll, die euch auf Zellenebene daran erinnern soll, die Erinnerung wieder lebendig werden lassen soll, wie euer Ziel aussieht.

Lasst euch ein auf euch selbst. Lasst euch ein und vertraut eurer Seele, dass sie euch in der euch eigenen Art und Weise wieder erinnert an das, was ihr hier wolltet. Lasst euch ein, auf tiefen Ebenen, ohne etwas zu erwarten, ohne etwas zu wollen. Lasst euch einfach ein.

Und so möchten wir euch wiederum bitten, mit ein paar tiefen Atemzügen euren Geist und eueren Freund Körper mehr und mehr zu entspannen, möchten euch bitten, zu euren Fußenergiezentren zu spüren und sie mit dem nächsten tiefen Atemzug ganz weit zu öffnen, um ganz bewusst Kontakt aufnehmen zu können mit Mutter Erde, um euch gut im Hier und Jetzt zu verankern.

Und des Weiteren möchten wir euch bitten, euer Kronenchakra zu spüren, um dieses Energiezentrum ganz weit zu öffnen, um euch nun mehr und mehr mit den Himmeln zu verbinden und die Energien der Himmel mehr und mehr in euch hineinfließen lassen zu können. Lasst ganz einfach geschehen, was nun geschehen will in dem tiefen Vertrauen, dass genau das geschieht, was nun geschehen soll.

Und so möchten wir euch nun bitten, euer Herzenergiezentrum ganz bewusst ganz weit zu öffnen, um euer Herz zu bitten, sich noch weiter zu öffnen, um nun die Möglichkeit zu eröffnen, dass alte Vereinbarungen in euch aktiv werden, ohne dass ihr das mit eurem Verstand verstehen müsstet. Es geht einfach nur darum, dass alte Strukturen, die tief in euch verankert sind, aktiviert werden, um in eurem Leben mehr und mehr aktiv werden zu können.

Lasst ganz einfach geschehen, in dem tiefen Vertrauen, dass nun alte Vereinbarungen, die ihr selbst getroffen habt zu eurem eigenen Wohle und dem Wohle des Ganzen, wieder erweckt werden in euch. Lasst ganz einfach geschehen. Und so kann es nun geschehen, dass ihr auf tiefen Ebenen wieder in Verbindung tretet mit euch selbst und damit dem Ganzen, ohne dass ihr irgendetwas dafür tun müsstet. Eure Bereitschaft öffnet das Tor, eure Bereitschaft eröffnet die Möglichkeiten, die ihr euch für dieses Leben gewählt habt. Lasst geschehen, was nun geschehen will, ohne jedwede Erwartung.

Und so möchten wir euch nun bitten, euer Herzenergiezentrum noch weiter werden zu lassen, um über euer weit geöffnetes Herzenergiezentrum folgende Gebets- und Heilungsenergie tief in euch aufnehmen zu können.

Gottvater, Mutter Erde, mit der Inbrunst meines Herzens und mit meinem ganzen Sein danke ich für die Aktivierung meiner Vereinbarungen, danke ich für die Möglichkeit, mich auf tiefen Ebenen meines Seins an meinen Lebensplan zu erinnern, und für die Hilfe bei der Umsetzung meines Plans in Übereinstimmung mit dem göttlichen Willen in mir. Und mit der Inbrunst meines Herzens und mit meinem ganzen Sein danke ich für die umfassende Hilfe und Heilung auf allen Ebenen meines Seins.

Tiefer Frieden umfängt euch, tiefer Frieden erfüllt euch in der Gnade dieses Augenblickes. Alles ist gut, wie es ist.

34   *Dem Lebensfluss Raum geben*

Und so wollen wir uns noch einmal eurem Körper zuwenden, eurem Lebensgefährt, das euch so mannigfaltige Erfahrungen ermöglicht.

Wie viel Aufmerksamkeit gebt ihr ihm so im Schnitt, wenn er nicht schmerzt?

Wie oft seid ihr euch eures Körpers bewusst?

Wie wollt ihr da Bewusstheit erlangen, wenn ihr euch nicht einmal eures Körpers bewusst seid? Wie wollt ihr Dinge bewusst in eurem Leben umsetzen, wie Visionen verwirklichen, wenn ihr in den Tag hineinlebt ohne Bewusstsein? Ohne euch bewusst zu sein, eurer selbst, eures Körpers, eurer Gedanken und Gefühle?

Wenn ihr Bewusstheit erlangen wollt, wenn ihr wirklich bewusste Meister eures Lebens werden wollt, ist Bewusstheit unerlässlich, sind bewusstes Denken, Fühlen und Handeln unerlässlich.

Spürt einmal in euren Körper, während ihr lest. Nehmt wiederum euren Atem wahr, ganz in Ruhe, ganz bei euch, während ihr weiterlest. Ihr wisst inzwischen, dass das möglich ist.

Und während ihr weiterhin das Geschriebene in euch aufnehmt, beginnt ihr nun, euren Körper sozusagen abzuscannen, Stück für Stück, langsam und bedächtig, in eurem Tempo.

Beginnt mit euren Füßen, den Zehen, den Ballen, den Fußrücken, den Fußsohlen, den Hacken, den Knöcheln. Spürt euren Körper Stück für Stück. Wie fühlt er sich an? Lest weiter, während ihr fühlt, in aller Bedächtigkeit. Spürt ihr, wie ihr bewusst euren Körper wahrnehmen könnt, während ihr lest?

Fühlt nun eure Unterschenkel, die Vorderseiten, die Schienbeine, und die Rückseiten, die Waden. Und während ihr weiterlest, erspürt ihr eure Knie, ihre Stellung, ihre Berührung mit der

Kleidung oder miteinander. Und so tastet ihr euren Körper weiter mit eurer Aufmerksamkeit ab und erreicht die Oberschenkel. Wie fühlen sie sich vorn an, wie hinten, wie an den Seiten? Sind sie warm, sind sie eher kalt? Und wie empfindet ihr euer Gesäß, wo berührt ihr die Unterlage? Ist sie weich oder eher hart? Sitzt, liegt oder steht ihr bequem? Sind die Muskeln entspannt? Und immer noch ruhig weiterlesend widmet ihr nun eure Aufmerksamkeit eurem Bauch. Wie eng ist eure Kleidung? Liegt sie fest am Körper an oder gibt sie ihm Freiraum? Wie fühlt sich das an?

Ist euer Rücken aufrecht oder gekrümmt?
Sind die Schultern hochgezogen oder entspannt?
Ist der Brustkorb weit oder zusammengezogen?
Wie fühlt sich euer Nacken an, wie euer Hinterkopf?
Ist die Stirn entspannt oder ist sie in Falten gelegt?
Ruhen die Augäpfel entspannt in ihren Höhlen, lest ihr entspannt diese Worte oder kneift ihr die Augen zusammen?
Ist euer Gesicht entspannt, die Nasenflügel, die Kiefermuskeln, die Zunge?

Merkt ihr, in wie vielen Bereichen ihr angespannt seid, auch wenn ihr ganz ruhig lest? In all diesen Bereichen unterbrecht ihr die Blutzufuhr, ihr schränkt sie ein, so dass die entsprechenden Organe nicht oder nur unzureichend durchblutet werden. Und so schränkt ihr euch in eurem Potenzial ein.

Und genauso schränkt ihr euch in eurem Lebenspotenzial ein, wenn ihr in eurem Leben nicht loslasst, wenn ihr Altes, Überholtes nicht gehen lasst, wenn ihr an alten überkommenen Strukturen festhaltet, weil ihr „Sicherheiten" haben wollt. Erst wenn ihr offen werdet, wenn ihr lassen könnt, könnt ihr gelassen werden, könnt ihr den Fluss der Dinge geschehen lassen, ohne ständig zu behindern.

Jegliche Kontrolle ist letztlich eine Verhinderung des freien Flusses. Jegliche Angst ist ein Zeichen dafür, dass ihr dem Lebensfluss nicht vertraut, dessen Symbol der Atem ist. Wann immer ihr kontrolliert, wann immer ihr dem Fluss des Lebens vorschreiben wollt, wie er fließen soll, behindert ihr ihn. Und irgendwann wird all die aufgestaute Energie sich Bahn brechen. Sie wird alle Staudämme einreißen, um dem Fluss des Lebens wieder einen ungehinderten Fluss zu ermöglichen, letztlich zu eurem eigenen Wohl im Sinne eures Lebensplanes. Doch dann beklagt euch nicht über mögliche Kollateralschäden, wenn zum Beispiel jahrelang aufgestaute Gefühle wie zum Beispiel Wut sich Bahn brechen, wenn sie endlich aus ihrem Gefängnis herauskommen und sich befreien, um eure Kraft, euer Potenzial zu befreien.

Werdet bewusst, jeden Tag ein bisschen mehr. Erinnert euch, immer wieder, euch selbst wahrzunehmen, euch Zeit zu nehmen, um euch selbst, eurem Körper, eurem Empfinden, euren Gefühlen Raum zu geben, Aufmerksamkeit zu schenken. Gebt dem Lebensfluss jeden Tag mehr Raum, und ihr werdet spüren, wie gut euch das tut.

Gesteht euch den Lebensfluss zu, in Kleinigkeiten, bei jedem Atemzug, beim bewussten Wahrnehmen von Spannungen und Entspannungen. Lasst euren Körper bewusst von der Lebenskraft durchströmen und euer ganzes Leben wird mehr und mehr erfüllt werden von dieser Lebenskraft. Indem ihr der Lebenskraft in euch Raum gebt, desto mehr legt ihr Zeugnis ab von dieser Lebenskraft, werdet ihr ein lebendiges Beispiel für gelebte Lebenskraft, für gelebtes Potenzial, für gelebte Bewusstheit. Und ihr werdet euch fragen, wie ihr solange leben konntet ohne Bewusstheit, wie ihr so lange schlafen konntet, so lange wie im Dornröschenschlaf euer Leben verbringen konntet. Und ihr werdet verstehen, dass ihr erst wirklich lebt, wenn ihr bewusst lebt.

Und so möchten wir euch wiederum einladen zu einer Übung, die euch unterstützen soll in eurer Bewusstwerdung, in eurem bewussten Lebenswandel, der die Bewusstheit in euch wachsen lässt.

Und so möchten wir euch zunächst bitten, wieder euren Atem zu spüren, um den Atemfluss ganz in Ruhe bewusst wahrzunehmen, ganz in Ruhe, ganz bei euch.

Lasst euch Zeit, viel Zeit, um eure Atemzüge ganz bewusst zu verfolgen, ohne mit euren Gedanken abzudriften.

Und während der Atem immer langsamer und ruhiger fließt, kann es nun geschehen, dass sich euer Herzenergiezentrum ganz von selbst ganz weit öffnet. Ganz weit wird nun euer Herzenergiezentrum, und mit jedem weiteren Atemzug immer noch weiter und noch weiter.

Und so kann es nun geschehen, dass euer Herzenergiezentrum sich so weit öffnet, dass euer ganzes Sein darin Platz findet, alles, was zu euch gehört, alles, was euch ausmacht, findet jetzt Platz in eurem weit geöffneten Herzenergiezentrum. Euer Herzensraum wird so groß und weit, dass eure Ganzheit darin Platz findet, so dass nun alle Aspekte eures Seins sich in Ruhe niederlassen können in eurem weit geöffneten Herzen. Und während sich alle Anteile eurer selbst in Ruhe und Frieden niederlassen in eurem Herzen, kann eine wunderbare Entspannung geschehen, denn alle Anteile eurer Selbst beginnen zu fühlen, dass sie ihren Platz gefunden haben, dass sie einfach sein können in eurem Herzen, dass sie einfach sein können und von der Liebe eures Herzens durchströmt werden. Und so kann es nun geschehen, dass all eure Anteile beginnen, sich angenommen und geliebt zu fühlen, sich fallen lassen können in eurem Herzen in dem tiefen Vertrauen und dem immer klarer werdenden Bewusstsein, dass sie ihren Platz in euch gefunden haben, an dem sie sein können, an dem sie angenommen und geliebt sind.

Und so kann es nun geschehen, dass tiefe Ängste in euch sich aufzulösen beginnen, einfach nur, weil sie endlich sein dürfen, weil sie endlich einen Platz in eurem Herzen gefunden haben.

Und so kann es nun geschehen, dass in der Gnade dieses Augenblickes sich eine tiefe Freude und Erleichterung in euch einstellt, eine tiefe Freude und Erleichterung, angekommen zu sein tief in euch, ganz zu sein in euch, vereint mit all euren Anteilen.

Und so kann das Wunder der Heilung geschehen durch die Vereinigung all eurer Anteile. Tiefer Frieden durchströmt euch, tiefer Friede umgibt euch. Alles ist gut in der Gnade dieses Augenblickes.

Und so könnt ihr euch noch einmal bewusst eurem Atemgeschehen zuwenden, um wieder ganz bewusst in diesem Augenblick anzukommen.

35   Die Verbundenheit mit allem spüren

Wenden wir uns noch einmal unserer Bewusstheit zu. Was bedeutet Bewusstheit im tieferen Sinne? Sich bewusst sein, sich seiner selbst bewusst sein, um sich selbst wissen, und, wenn wir den Begriff erweitern, sich seines Seins bewusst sein, und das schließt auch die Umgebung, den Lebensraum mit ein. Das heißt, Bewusstheit umfasst das ganze bewusste Sein, das Gewahrsein dessen, was ist. Und damit schließt es auch die Verbundenheit mit allem, was ist, ein.

Nehmen wir wieder ein Beispiel zu Hilfe. Wenn ihr bewusst atmet, seid ihr bereits an den Lebensstrom angeschlossen. Ihr lasst euch bewusst versorgen, euch auffüllen mit dem, was ihr benötigt. Gleichzeitig seid ihr, wie ihr wisst, über den Atem mit allem Seienden dieses Planeten verbunden. Das heißt, ein bewusstes Atmen schließt ein bewusstes Verbundensein mit ein. Und über dieses Verbundensein mit euch selbst und mit allem Seienden seid ihr ein voll bewusstes Wesen im großen Sein. Das wiederum heißt, dass ihr weniger Gefahr lauft, euch in alltäglichen Gewohnheiten, euren alltäglichen Sorgen und Nöten zu verlieren, sondern durch das bewusste Verbundensein ist es euch möglich, mehr und mehr Vertrauen in das Versorgt-Sein aufzubauen. Und so kann bei wiederkehrendem bewusstem Atem immer mehr Entspannung in euer Leben Einzug halten, könnt ihr mehr und mehr eintauchen in das euch innewohnende Urvertrauen, so dass ihr immer mehr lassen könnt, immer gelassener werden könnt und auch scheinbar schwierigen Situationen immer gelassener und vertrauensvoller entgegentreten könnt. Denn wenn ihr die Verbundenheit mit allem in euch spüren könnt, wisst ihr ganz einfach, dass ihr niemals allein und verlassen sein könnt, wisst ihr ganz einfach, dass ihr zu jeder Sekunde eures

Seins mit allem verbunden seid, wisst ihr ganz einfach, dass ihr niemals ganz abstürzen könnt in die Abgründe der Einsamkeit und des Verderbens.

Ihr seid mit allem verbunden, immer, zu jeder Sekunde eures Seins, ihr seid wichtiger Bestandteil des Ganzen, das ohne euch nicht vollständig wäre, und damit seid ihr *wichtiger* Bestandteil des Ganzen, sehr wichtiger Bestandteil. Keine Maschine kann einwandfrei funktionieren, wenn ein wichtiger Bestandteil fehlt. Und so kann das große Ganze nicht einwandfrei funktionieren ohne euch.

Je mehr ihr euch jedoch der Verbundenheit bewusst seid, desto mehr könnt ihr zum Frieden und zur Harmonie des Ganzen beitragen, ganz einfach durch eure bewusste Verbundenheit.

Und so könnt ihr nun mehr und mehr verstehen, warum wir euch immer wieder auf euren Atem hinweisen, auf den bewussten Atem, der euch zu so viel Bewusstheit verhelfen kann.

Und so möchten wir euch wiederum einladen zu einer Übung, die den bewussten Atem in euch noch verstärken soll, um euch die Verbundenheit mit allem, was ist, noch deutlicher spüren zu lassen.

Und so möchten wir euch bitten, zunächst mit ein paar tiefen Atemzügen euren Geist und euren Freund Körper mehr und mehr zu entspannen, möchten euch bitten, wiederum eure Fußenergiezentren zu spüren, um diese Energiezentren nun ganz bewusst ganz weit zu öffnen, um wiederum Kontakt aufnehmen zu können zu Mutter Erde, um euch mehr und mehr versorgen lassen zu können mit genau den Energien, die ihr im Augenblick benötigt.

Lasst euch einige Augenblicke ganz in Ruhe Zeit, um den Kontakt zur Erde ganz bewusst spüren zu können, um den freien Fluss der Energien der Erde in euch spüren zu können, den Fluss der erdenden und harmonisierenden und stärkenden, aufbauenden Energien. Und während dieses nun ganz von selbst weiterhin geschieht, kann es nun ebenfalls ganz von selbst geschehen, dass sich all eure Energiezentren weit öffnen, und mit jedem weiteren Atemzug noch weiter öffnen, um den euch begleitenden Engeln und Lichtwesen und Aufgestiegenen Meistern nun die Möglichkeit zu geben, euch ihrerseits mit genau den Energien zu versorgen, die ihr im Augenblick gerade benötigt. Lasst ganz einfach geschehen, was nun geschehen will, in dem tiefen Vertrauen, dass genau das geschieht, was nun geschehen will zu eurem und aller Wohl. Lasst euch Zeit, viel Zeit, um euch ganz zu öffnen, um euch ganz bewusst zu öffnen für all die wunderbaren unterstützenden Energien, die es euch nun ermöglichen, euch aufladen zu lassen in jeder eurer Zellen, in all euren feinstofflichen Körpern. Lasst geschehen, was geschehen will.

Und während ihr weiterhin mit eurem Atemgeschehen verbunden bleibt, kann es nun geschehen, dass sich euer Herzenergiezentrum und euer Solar Plexus ganz weit öffnen, sich immer weiter öffnen, um die folgende Gedanken- und Gebetsenergie tief in euch aufnehmen zu können.

Gottvater, Mutter Erde, mit der Inbrunst meines Herzens und mit meinem ganzen Sein öffne ich mich dem Fluss der alles versorgenden Energien. Und mit großer Freude und Dankbarkeit in meinem Herzen nehme ich mehr und mehr die Verbundenheit mit allem wahr, fühle ich über meinen Atem und über all meine weit geöffneten Energiezentren die Verbundenheit mit allem, was ist, fühle ich, dass ich niemals allein bin, niemals allein war und niemals allein sein werde. Mit jedem weiteren Atemzug spüre ich immer deutlicher, dass ich mit allem verbunden bin, was ist. Und in der Verbundenheit mit allem, was ist, lösen sich alle Ängste in mir auf, lösen sich alle Spannungen in mir auf, lösen sich alle Zweifel in mir auf, denn ich weiß mit tiefer Gewissheit tief in mir, dass ich niemals allein bin, dass ich immer versorgt bin mit göttlicher, alles versorgender Liebesenergie. Und so öffne ich mich abermals noch weiter und weiter, um auf noch tieferen Ebenen die Kraft und Energie der göttlichen Liebe zu spüren und tief in mich aufzunehmen. Und mit großer Freude und großer Dankbarkeit in meinem Herzen nehme ich jeden Atemzug ganz bewusst wahr, nehme ich die Verbundenheit mit allem, was ist, wahr, und nehme ich den göttlichen Liebesfluss ganz bewusst wahr, der sich in jede meiner Zellen und in all meine feinstofflichen Körper ergießt.

Große Dankbarkeit und große Freude erfüllen mich, denn ich spüre mit jeder Faser meines Seins: ICH BIN, ICH BIN, der (die) ICH BIN. ICH BIN göttliche, unbegrenzte Gegenwart.

Und so lasse ich mir noch einen Augenblick Zeit, die Freude und Dankbarkeit, die Lebendigkeit in meinem Sein zu spüren, bevor ich mit einigen tiefen Atemzügen wieder in diesem Augenblick ankomme, mich strecke und räkele und wieder ganz in meinem Tagesbewusstsein angekommen bin, mit der klaren Erinnerung an die wunderbare Verbundenheit mit allem, was ist.

36   *Den eigenen Herzensraum betreten*

Und so wollen wir uns an dieser Stelle noch einmal deinem Empfinden zuwenden, lieber Leser, genauer gesagt, deiner Empfindsamkeit.

Oft ist dir dieser Begriff in seiner negativen Variante begegnet, im Sinne von empfindlich, zu empfindlich, um gut und richtig „funktionieren" zu können in unserer Welt.

Deine Empfindsamkeit ist aber die Voraussetzung, um mit dir selbst und der Quelle in dir in Verbindung treten zu können. Ohne deine Empfindsamkeit wärest du nicht in der Lage, Empfindungen zu haben, die dir Informationen über die Außenwelt zukommen lassen. Das heißt, ohne deine Empfindsamkeit wärest du mutterseelenallein in dieser Welt und könntest dich nicht einmal selbst spüren, du hättest kein Gefühl für Hunger und Durst, für Müdigkeit und Erschöpfung, und auch keine Möglichkeit, Gefühle wie Freude und Begeisterung wahrzunehmen.

Das heißt, deine Empfindsamkeit ist die Verbindung zu dir selbst und zur Welt. Sie ist die Voraussetzung, dich selbst zu spüren und in Beziehung zu treten mit dir selbst und deinem Körper, genau so wie mit deiner Umwelt. Das heißt, je mehr deine Empfindsamkeit „ausgeschaltet" wurde, um aus dir einen gut angepassten und damit gut funktionierenden Bürger zu machen, desto weniger bist du in der Lage, ein Gemeinschaftsgefühl aufzubauen, wirklich in Verbindung treten zu können mit dir selbst und mit dem Außen. Und wenn du nicht in der Lage bist, mit dir selbst in Verbindung zu treten, bist du auch kaum in der Lage, mit der Quelle in dir in Verbindung zu treten. Die Voraussetzung für eine uneingeschränkte Empfindsamkeit ist ein offenes, liebendes Herz.

Nun, die meisten von euch können ihr Herz nicht weit öffnen, weder für sich selbst noch für die Welt, denn zu viele alte Verletzungen liegen direkt unter der Oberfläche eures Seins, und aus der Angst, diese alten Verletzungen anzurühren und die damit verbundenen schmerzhaften Gefühle zu aktivieren, habt ihr euer Herz mehr oder weniger fest verschlossen.

Doch damit trennt ihr euch vom unendlichen Liebesstrom in euch ab. Ihr könnt keine Liebe empfangen und vor allem, ihr könnt sie nicht wirklich empfinden, selbst wenn sie euch angeboten wird. Überall vermutet ihr Bedingungen, die ihr erfüllen müsst, um euch die Liebe zu verdienen. Und so macht ihr es euch selbst unmöglich, Liebe zu euch fließen zu lassen und euch heilen zu lassen. Ihr sehnt euch so sehr nach der Liebe, die ihr in euch finden könnt, und ihr verweigert euch selbst den Zutritt. Ihr versucht mit allen erdenklichen Mitteln, Liebe und Anerkennung im Außen zu finden, doch ihr könnt sie nur in euch selbst finden. Denn solange ihr euer Herz nicht für euch selbst geöffnet habt, könnt ihr auch keine Liebe von außen in euch aufnehmen. Euer Herz ist der Umschlagplatz für Liebe, für eure eigene Liebe und für die Liebe der anderen. Wenn ihr wirklich ein erfülltes Leben führen wollt, ist es unerlässlich, euer Herz immer wieder ganz bewusst zu öffnen mit allen Konsequenzen, die ein solches Öffnen mit sich bringt. Solange ihr euer Herz verschlossen haltet, bleibt ihr vom Leben getrennt, ihr lebt nicht wirklich, ihr vegetiert. Das ist alles. Ihr vegetiert mit all den Schmerzen, die ein solches Vegetieren mit sich bringt. Ihr seid nicht wirklich lebendig, und vor allem, ihr findet keine Hilfe, keine wirkliche Linderung eurer Qualen. Erst mit einem offenen Herzen ist es euch möglich, wirklich in Kontakt zu treten mit euch selbst und der Quelle in euch, und dann können wahre Liebeströme fließen. Dann können all die alten Verletzungen durchtränkt werden mit der Liebe eures eigenen Herzens, und dann kann Heilung geschehen mit der Liebe eures Herzens.

Lasst euch ein, lasst euch ein, im wahrsten Sinne des Wortes: Lasst euch ein in euer Herz, gewährt euch selbst Einlass in eure eigene Quelle der Glückseligkeit. Betretet immer wieder euren eigenen Herzensraum und lasst euch wiegen und durchstrahlen, lasst euch auftanken mit der unendlichen Liebe des Seins, die ihr in eurem eigenen Herzen findet.

Öffnet euer Herz und bittet es ganz einfach, euch zu versorgen, euch zu durchstrahlen, euch die Liebe des Ganzen in jeder Pore eures Seins fühlen zu lassen. Lasst euch ein auf euch selbst, und ihr lasst euch ein auf die Liebe des Ganzen, auf die wunderbare Verbundenheit mit allem, was ist, auf die wunderbare Einheit alles Seienden in euch und um euch. Lasst euch ein und erwacht zum wirklichen Leben.

Nachwort

Lieber Leser, zum Abschluss dieses Buches möchten wir dich noch einmal einladen zu einer einfachen Übung, die es dir ermöglichen soll, mehr und mehr dein Herz zu öffnen für dich selbst, für all deine Anteile, die, die du bereits angenommen und akzeptiert hast und für all deine bisher ungeliebten Anteile, die bisher ein Schattendasein gefristet haben.

Wir möchten dich bitten, dich immer wieder neu zu öffnen für dich selbst, für alle Anteile deiner selbst, denn nur so bist du in der Lage, ein wirklich erfülltes Leben zu führen.

Und so laden wir dich wiederum ein, mit ein paar tiefen Atemzügen deinen Geist und deinen Körper mehr und mehr zu entspannen, dir vorzustellen, wie du mit jedem weiteren Atemzug alles Belastende, alles Bedrückende an den Boden abgibst und dich immer mehr hingibst an das, was ist.

Und des weiteren bitten wir dich, deine Fußenergiezentren zu spüren, um sie mit dem nächsten tiefen Atemzug ganz weit zu öffnen, um nun ganz bewusst Kontakt zu Mutter Erde aufzunehmen, um dich nun einige Augenblicke lang ganz bewusst von ihren wunderbaren aufbauenden und harmonisierenden Energien versorgen und aufladen zu lassen.

Lasse dir ganz in Ruhe Zeit. Eile nicht. Lasse dir Zeit, um dich in Ruhe versorgen zu lassen, und genieße die wunderbare Versorgung all deiner Zellen und deiner feinstofflichen Körper. Genieße den Fluss der Energien, die dich liebevoll versorgen.

Und so möchten wir dich nun bitten, dich auf dein Kronenchakra zu konzentrieren, um dieses nun ganz weit zu öffnen, um dich nun mit den Himmeln zu verbinden, um dir nun die Möglichkeit zu eröffnen, dich ebenfalls versorgen zu lassen von den hellstrahlenden Energien der Himmel, die sich in alle deine Zellen und in deine feinstofflichen Körper ergießen. Lasse dir auch hier wieder Zeit, viel Zeit, um dich ganz versorgen und durchstrahlen zu lassen, bis die lichtvolle Energie der Himmel in all deinen Körpern pulsiert und dich deine Lebendigkeit wieder spüren lässt.

Sodann möchten wir dich bitten, dich auf dein Herzenergiezentrum zu konzentrieren, um dieses Energiezentrum nun ganz bewusst ganz weit zu öffnen, um es nun noch weiter zu öffnen, um es mit den nächsten tiefen Atemzügen weiter und weiter zu öffnen, um die folgende Gedanken- und Gebetsenergie tief in dich aufnehmen zu können.

Gottvater, Mutter Erde, mit der Inbrunst meines Herzens und mit meinem ganzen Sein danke ich für die Versorgung mit wunderbaren liebevollen Lichtenergien, danke ich für die Heilung meines Herzens und danke ich für die Fähigkeit, alle meine Anteile mehr und mehr in meinem Herzen aufzunehmen und anzunehmen mit der Liebe meines Herzens. Ich lasse sie ein in mein Herz und lasse sie durchstrahlen und durchlichten, bis sie ganz und gar licht geworden sind. Und ich danke aus meinem Herzen für die wunderbare Heilung, die mir immer wieder zuteil wird in meinem Sein.

Tiefer Frieden erfüllt dich, tiefe Ruhe durchströmt dich, alles ist gut in der Gnade dieses Augenblicks. Alles ist gut.
Und so möchten wir dich bitten, in deinem Tempo und deiner Zeit wieder in diesem Augenblick anzukommen, dich zu strecken und zu räkeln, hingebungsvoll zu gähnen und nach einigen Augenblicken wieder deinen Tagesgeschäften nachzugehen.
Sei gesegnet.

Kontakt

Liebe Leser,
sollten Sie Fragen oder Interesse an Einzelsitzungen oder Workshops haben, so können Sie Christine H. Warcup über das Internet oder über die folgende Adresse kontaktieren:

Christine H. Warcup
Ludwigstr. 21 A
86919 Utting am Ammersee

www.bildungimwandel.de
Christine@bildungimwandel.de

Die Lieder auf der beiliegenden CD

1. Göttlicher Wille	zu Kapitel 30	7:31 Min.
2. Euer Ziel	zu Kapitel 33	8:47 Min.
3. Bewusstwerdung eurer Ganzheit	zu Kapitel 34	8:05 Min.
4. Herzöffnung für all eure Anteile	zum Nachwort	8:07 Min.
5. Vater ich danke dir		4.30 Min.

Lesen Sie auch den ersten Band diese Werkes

Herzens-Bildung – ein Wegweiser für Eltern, Lehrer und Schüler und alle, die noch lernen wollen, aus dem Herzen zu leben
ISBN 3-89568-147-6

sowie

Juwelen ...
ISBN 3-89568-147-4

und

Das Lehrerbuch: über das gewaltfreie Unterrichten
ISBN 3-89568-159-8

von El Morya und C. H. Warcup

und hören Sie die Lieder von El Morya, gesungen und auf der Gitarre begleitet von Christine H. Warcup, auf CD

Ja, ich sage ja zu mir
ISBN 3-89568-160-1

bitte umblättern...

In Vorbereitung sind außerdem:

*Das Praxisbuch:
Hilfsmittel und Methoden
für den Gewaltfreien Unterricht
Ein Begleitbuch für den Suchenden*
ISBN 3-89568-167-9

und der Roman:

Drachenbändiger oder
Die Reise zu mir selbst